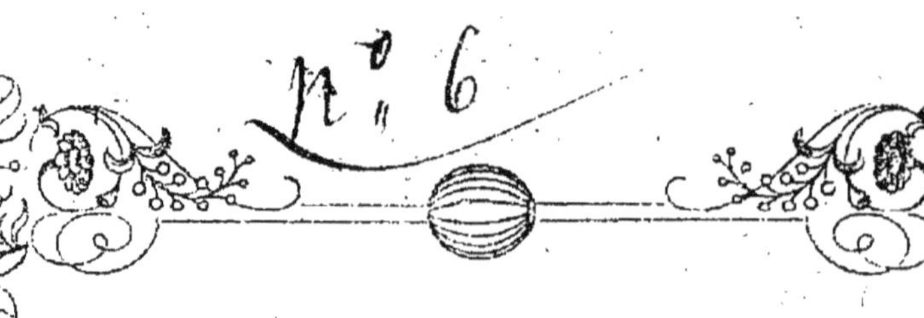

LA
CONTRE-RÉVOLUTION
DÉVOILÉE

PAR

A. TOURIN.

—

1re Livraison :

GOUVERNEMENT PROVISOIRE.

—

SE TROUVE :

Chez tous les Libraires et Marchands de Nouveautés.

PARIS ET DÉPARTEMENTS.

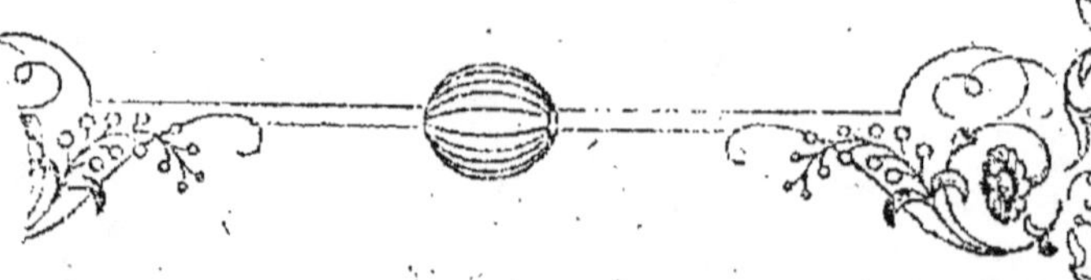

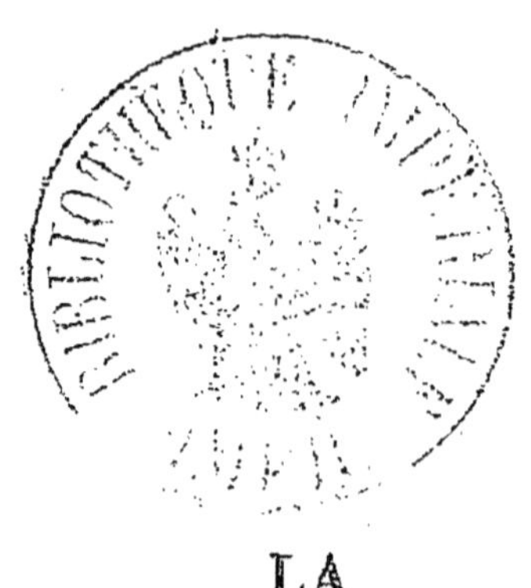

LA
CONTRE-RÉVOLUTION
DÉVOILÉE.

LA
CONTRE-RÉVOLUTION
DÉVOILÉE

PAR

NEVERS,

P. BÉGAT, IMPRIMEUR, RUE DU FER, 16.

1850.

HISTOIRE DE FRANCE [1].

—

30 et 31 juillet 1830.

—

Le peuple fit sa révolution en trois jours : il se reposa le quatrième. — La cour alors, c'était l'hôtel-de-ville ; les gardes, des hommes aux bras nus, quelques bourgeois et toute l'école Polytechnique. — La place de Grève se garnissait de peuple.

Pendant ce temps, le nom du duc d'Orléans était adroitement jeté par M. Laffitte dans la délibération qui s'ouvrait à son hôtel.

Ce nom, lancé pour la première fois, fut diversement accueilli. Mais le parti était fort ; il eut plusieurs organes ; on insista. On ramena une ou deux personnes mal disposées. Cependant rien ne paraissait décidé. Les tergiversations étaient

[1] La révolution de juillet est la préface de celle de février ; les mêmes événements de contre-révolution s'étant produits dans l'une et dans l'autre, nous avons cru devoir extraire de la *Tribune* les pages suivantes, pour nous servir d'avant-propos.

nombreuses : M. Dupin aîné avait retrouvé toute l'énergie de son éloquence et toute l'autorité de son mandat; il plaida vivement pour le prince, dont il était le conseiller. Il offrit d'aller à Neuilly à pied.

Comme la conversation devenait très-vive : Messieurs, dit M. Laffitte, nous délibérons ici mal à notre aise. Puisqu'il est question de constituer un gouvernement, prenons notre place; allons à la chambre.

M. de Bondy, questeur. — Je vais tout de suite faire arranger la salle : elle sera prête dans une heure.

Plusieurs députés. — On pourrait y donner rendez-vous à M. de Mortemart.

M. Laffitte. — Il n'y a pas d'inconvénient.

En attendant, le parti d'Orléans redoubla d'efforts.

Depuis long-temps, en effet, il était organisé. Ce n'est aujourd'hui un secret pour personne : le *National*, non tel qu'il est à cette heure dans les mains de M. Armand Carrel, mais tel qu'il était sous MM. Thiers et Mignet, servait d'organe à ce parti; M. de Talleyrand fut son patron le plus chaud. Il gagnait son ambassade. C'est du *National* que partit la première proclamation pour le duc d'Orléans; c'est au *National* que s'imprimèrent de nombreux placards en sa faveur. Les habiles avaient la main prompte, des moyens puissants, une popularité qui leur prêtait de la force. Leur but était marqué, leur homme tout prêt... La couronne de France fut escamotée.

Ce fut M. Laffitte surtout qui fit jouer tous les ressorts.

Dès le matin, à six heures, MM. Thiers, Mignet, Larréguy et un quatrième journaliste s'étaient rendus chez lui, et là, *sans avoir pris l'avis des députés*, délibérant et agissant seul, M. Laffitte arrêta qu'il fallait placer le duc d'Orléans sur le trône, après lui avoir demandé des garanties. « Il faut rédiger tout de suite quelque chose là-dessus. » M. Thiers passe alors dans le salon voisin et il écrit rapidement quelques lignes sous forme de proclamation. — Tiens, dit-il ensuite à Mignet, mets-moi cela en français pour que ce puisse être imprimé sur-le-champ.

M. Laffitte. — Bien, mais il faudrait avoir toute la presse. (A M. Larréguy) : Vous voilà, vous, pour le *Journal du Commerce*.

Larréguy. — Oui, et je tâcherai bien d'insinuer quelque chose au *Constitutionnel*.

M. Laffitte à M. Mignet. — Il faudrait avoir aussi le *Courrier*.

M. Thiers, interrompant. — Je m'en charge ; je m'en vais voir Chatelain. Il est dur un peu ; mais je tâcherai de le tourner. Il ne serait même pas mauvais de faire mettre sur une grande quantité de proclamations ces mots : *de l'imprimerie du gouvernement*. Le peuple alors croira que la chose est faite.

Ces messieurs sortirent au moment où arrivaient les députés.

Une assemblée de citoyens courageux et d'électeurs libéraux se tenait chez Lointier. M. Larréguy s'y rendit d'après l'invitation de M. Laffitte, et il parla du duc d'Orléans. (Mouvement en sens divers.)

Plusieurs personnes, parmi lesquelles M. Cadet de Gassicourt, se rallièrent à eux, mais en exigeant les plus fortes garanties.

M. Hubert. — Messieurs, nous n'avons, ni les uns, ni les autres, mission pour constituer quoi que ce soit. Le peuple seul a vaincu ; le peuple doit être consulté. Et pour lui proposer même un parti provisoire, j'avoue que dans mon opinion il n'y en a pas de plus mauvais que celui-ci.

M. Isambert. — En exigeant toutes les garanties désirables, nous devons fort peu tenir aux noms propres : et celui du duc d'Orléans me paraîtrait tout aussi bon qu'un autre !.... Mais il faudrait commencer par déclarer qu'on proclamât la déclaration de la chambre de 1815. Par ce moyen, toute la plaie de la restauration disparaît ; notre indépendance est proclamée, nos frontières naturelles reconquises ; nous rattachons le présent au passé, et notre affranchissement de l'Europe date de la même époque que la conquête de nos droits...

Plusieurs voix. — Bien ! bien ! Il faut l'exiger. On en parla à M. Laffitte. Il goûta cette idée, mais le temps pressait.

A la chambre, on n'entendit d'abord que des discours oiseux, des conversations embarrassées. On passait de l'un à l'autre. Ici, c'était le duc d'Orléans ; là, Henri V ; ailleurs, le duc d'Angoulême *avec des concessions*.

Mais les dispositions générales étaient manifestement en faveur de la famille de Charles X. On attendait M. de Mortemart. Il ne vint pas.

Mais M. Collin de Sussy vint à sa place. Après avoir été fort mal reçu à l'Hôtel-de-Ville, il vint apporter à M. Laffitte les ordonnances de Charles X sur le nouveau ministère, et il insistait pour qu'il les fît *remettre* aux ministres nommés.

M. Laffitte, impatienté de ses instances, lui dit brusquement.
— Monsieur, je ne suis pas la poste de Charles X

M. Sébastiani, au contraire, en apprenant qu'on avait arboré le drapeau national, répondit : *Il n'y a de national aujourd'hui que le drapeau blanc.*

M. Gérard, autre général de l'empire, ne montre pas plus de religion pour les *trois* couleurs ; car le premier usage qu'il fit de son commandement, ce fut d'envoyer le lieutenant-général Roguet dans toutes les casernes pour dire aux colonels DE CONSERVER ET FAIRE GARDER LA COCARDE BLANCHE jusqu'à ce qu'ils eussent reçu de nouveaux ordres.

Et M. Périer, que faisait-il ? Dès le jeudi, il s'était mis en relation avec la cour. Il négociait visiblement pour elle.

L'homme qui servait d'intermédiaire, je veux le nommer, car toute feinte est désormais inutile, c'était M. de Girardin, le grand veneur. Plusieurs messages furent échangés tout le jeudi soir, toute la journée du vendredi et une partie de celle du samedi.

J'ignore le reste. Mais ce que je sais bien, c'est que dans l'une de ces journées deux hommes vinrent à l'Hôtel-de-Ville annoncer qu'ils avaient vu M. Casimir Périer dans un cabriolet, se dirigeant vers Saint-Cloud. — Un membre de la commission répondit : « Ce n'est pas possible! ce serait une » trahison. » Un de ces mêmes hommes passa dans le salon de l'état-major, et rapporta le même fait. Là se trouvaient de jeunes hommes qui prirent la chose aux sérieux, et l'ordre fut donné sur-le-champ d'arrêter M. Casimir Périer et de le conduire à l'Hôtel-de-Ville.

Le coupable qui dicta l'ordre et le fit signer est celui-là même qui écrit ces lignes.

M. Casimir Périer est aujourd'hui en position de lui rendre ce procédé. Chacun son tour.

Un mandat d'amener à l'Hôtel-de-Ville fut aussi lancé contre un autre député, M. Arthur de Labourdonnaye, qu'on avait rencontré le soir assez tard vaquant dans la campagne du côté de Montrouge. M. Laffitte mit au bas de l'ordre une réclamation presque sévère sur l'*inviolabilité* des députés. Et l'on venait de chasser Charles X! M. Laffitte déjà sentait sa force. Il joua serré, il joua bien, il gagna la partie. Mais il y a ruiné sa maison.. ... et il n'a semé que l'ingratitude..... Paix!

M. Casimir Périer et tous ceux qui négociaient pour Charles X perdirent donc leur temps et leurs peines. Le peuple était intraitable sur ce point.

Cependant, il ne se montrait guère plus favorable au duc d'Orléans. Le samedi, quand parurent les proclamations, le peuple les déchirait, et les postes armés arrêtaient et maltraitaient ceux qui essayaient de les répandre. Le mot de *Bourbons* excitait surtout la colère !

L'agitation devenait grave : la commission dut faire elle-même une proclamation. Elle commençait par ces mots :

CHARLES X A CESSÉ DE RÉGNER.

M. Casimir Périer refusa de la signer. Il fit plus ; il se rendit à l'imprimerie *du gouvernement* (le mot *royale* était effacé parout), et il attendit que l'impression fût achevée pour se bien assurer que son nom n'y était pas. — Le même soir, il se rendit au bureau du *Moniteur* et défendit expressément qu'on mît sa signature au bas de cette proclamation.

Ces faits en disent-ils assez ?

Quant à M. Laffitte, il avait remporté la victoire : le duc d'Orléans était au Palais-Royal : l'adresse des députés avait été faite. Quoique pouvant à peine marcher, quoique ayant la jambe foulée, enveloppée de linges, M. Laffitte se présente à la tête de ses collègues, et, après avoir lu sa harangue officielle, il dit à voix basse à son correspondant des nuits précédentes :

« Monseigneur, ce que je tiens à ma main est bien beau. C'est une couronne ! Cependant, ne regardez pas à mes pieds (sa jambe était à moitié nue), je ne vous dirai pas que c'est un sans-culotte qui vous l'offre ; mais cela pourtant y ressemble un peu... »

Le duc d'Orléans trouva le mot charmant et le répéta. Il ne cessait de dire, au reste : « Je suis républicain, je l'ai toujours été. » Il partit bientôt pour aller à l'hôtel-de-ville, se montrer au peuple et se faire reconnaître par le général Lafayette.

Le trajet ne se fit pas sans quelque difficulté. Le duc,

étant-républicain, dut être content, car le cri de : *Vive la Répu-
bique!* *vive Lafayette!* lui arrivaient de tous côtés. Cependant ,
on cria aussi *Vive le duc d'Orléans !* C'étaient des voix bien en-
rouées...

Au perron de l'Hôtel-de-Ville, le duc d'Orléans donna son bras
à M. Laffitte ; il prit celui du général Lafayette qui l'embrassa, et,
sous cette double protection, il monta jusqu'à la grande salle , où
il fut proclamé lieutenant-général.

Ce fut alors qu'en lui montrant la place de Grève couverte
d'hommes armés et de canons, tachée de sang et gardée par des
barricades, le général Dubourg lui dit : MONSEIGNEUR , VOUS
CONNAISSEZ NOS BESOINS ET NOS DROITS , SI VOUS LES OUBLIEZ ,
NOUS VOUS LES RAPPELLERONS.

PROGRAMME DE L'HOTEL-DE-VILLE [1].

Placé heureusement, aux jours de juillet , non loin du général
Lafayette, j'ai été à portée de voir et d'entendre...

Je vais donc rapporter fidèlement ce qui s'est passé.

M. Viennet a lu à la tribune la déclaration des députés, lorsqu'ils appelèrent le duc d'Orléans à la lieutenance générale du
royaume. Autre chose est cette déclaration, autre chose est le programme !... Ce n'est donc pas là ce dont il s'agit.

Il faut bien qu'on me pardonne de raconter exactement ce qui
eut lieu ; je le fais sans passion ; je ne suis dans cette cause ni
juge, ni avocat, je suis *témoin*.

La première fois que le nom du duc d'Orléans fut prononcé
à l'Hôtel-de Ville , il y fut accueilli avec répugnance par la
plus grande partie des citoyens qui s'étaient battus, et par ceux

---

[1] Cet article est du 7 avril, et il n'a pas été démenti. M. Lafayette en a formellement affirmé l'exactitude.

dont les frères et les amis étaient morts dans les trois journées. Un aide-de-camp, placé aujourd'hui encore près du roi, et qui venait observer ce qui se passait dans les diverses salles de l'Hôtel-de-Ville, s'aperçut aisément de l'opposition que ce nom rencontrait.

On n'alléguait rien de personnel contre ce prince ; mais il appartenait à une famille contre laquelle s'élevaient les cadavres qui couvraient encore nos places, et d'odieux souvenirs d'invasion. L'exaltation du combat et les espérances de la victoire contribuaient sans doute à rendre l'irritation plus vive. Ce qu'il y a de certain, c'est qu'elle alla au point qu'au moment même où le duc d'Orléans entra dans la salle du trône, plusieurs jeunes gens, versant des larmes, s'écrièrent avec force : *Plus de Bourbons !* et tandis que les députés et quelques autres personnes répétaient le cri : *Vive le duc d'Orléans !* ces mêmes jeunes gens répétaient avec plus d'ardeur encore : *Vive Lafayette !*

Ces diverses circonstances prouvent qu'il existait à l'Hôtel-de-Ville une forte opposition, non pas parmi les *délibérants*, mais parmi ceux qui, pour ainsi dire, couverts de sueur et de poussière, tenaient encore les armes dont ils avaient frappé les Suisses. Quoi qu'on en prétende aujourd'hui, et on le savait bien alors, ceux-ci avaient la puissance ; seuls ils avaient déblayé le terrain et ils croyaient avoir acheté par assez de sang le droit d'élever au moins la voix sur ce qu'on voulait rééditer.

Cependant, on parlait d'un roi ; les députés sortaient de leurs retraites ou arrivaient de leurs campagnes ; les habits brodés reparaissaient, et tout semblait nous menacer de retomber dans les mains des intrigants qui profitent depuis si long temps de tous les changements de système.

Alors le parti de la victoire sentit la nécessité de demander des garanties. Il annonça qu'il ne reconnaissait aux députés réunis que le *pouvoir de fait* nécessaire pour que quelqu'un prenne l'initiative; des députés patriotes vinrent auprès du général Lafayette; les citoyens qui demeuraient à l'Hôtel-de-Ville se joignirent à eux. On demandait des garanties, on voulait surtout que la forme du gouvernement, quelle qu'elle fût, demeurât soumise à la *sanction définitive* du peuple. Pour soutenir ces demandes, on s'était armé de nouveau; le peuple était prêt à reprendre possession du champ de bataille.

Le général Lafayette, informé de ces mouvements, rappelle quelques-uns de ces hommes, et leur demande leur parole d'honneur que la tranquillité de Paris ne sera pas troublée pendant quarante-huit heures. Ces citoyens le lui promettent, mais *à la condition* que le lieutenant-général acceptera pour lui et les siens les propositions qu'ils allaient lui présenter.

Alors fut rédigé et présenté le *programme* dont on parle. Il était l'expression des vœux de ceux qui avaient combattu. Ces vœux, on les avait recueillis dans tous les quartiers, dans tous les postes, partout où les citoyens étaient assemblés.

Ses principales dispositions étaient les suivantes :

1º La souveraineté nationale reconnue en tête de la Constitution comme le dogme fondamental du gouvernement ;

2º Point de pairie héréditaire ;

3º Renouvellement complet de la magistrature ;

4º Loi municipale et communale sur le principe le plus large de l'élection. — Pas de cens d'éligibilité ;

5º L'élection appliquée à toutes les magistratures inférieures ;

6º Plusieurs autres dispositions touchant les priviléges et les monopoles qui paralysent l'industrie, etc., etc.;

7º Tout cela, enfin, *adopté provisoirement et devant être soumis à la sanction de la nation, seule capable de s'imposer le système de gouvernement qui lui conviendra.*

Ce programme, présenté au général Lafayette, fut par lui reçu comme l'expression de ses propres opinions. Il se chargea de le faire connaître au lieutenant-général, et il le RÉSUMA lui-même en disant qu'il était question d'élever un TRÔNE POPULAIRE ENTOURÉ D'INSTITUTIONS RÉPUBLICAINES.

Le général Lafayette partit pour le Palais-Royal et nous attendîmes. Bientôt il fut de retour, et il nous dit avec épanchement : « Que le duc d'Orléans et son fils parta- » geaient toutes nos opinions, que ce que nous leur avions » proposé était leur pensée intime, et que nous devions nous em- » presser de nous en remettre à eux du soin d'assurer le bonheur » de la France. »

Alors, plusieurs d'entre nous partirent pour divers points de Paris, et nous eûmes quelque peine à ramener le calme.

Quant à moi, j'y réussis peu, et revenant à l'Hôtel-de-Ville, je rencontrai M. M.... qui sortait d'auprès du général Lafayette, et je lui dis que les jeunes gens, rassemblés à l'Odéon, s'indignaient de la tournure que prenait la délibération à la chambre des députés, et qu'ils étaient résolus à exprimer hautement leurs vœux qui tendaient à ce que *la nation seule décidât* ce qu'elle voudrait.

M. M.... me répondit : Le général Lafayette a promis la tranquillité de Paris sur sa parole ; nous lui avons aussi donné la nôtre ; il faudra qu'on passe sur son corps et sur le nôtre avant d'arriver à la chambre.

Cependant parut la proposition de M. Bérard ; elle était loin de ce que nous avions demandé et de ce qu'on nous avait promis. Alors nous vîmes que l'on cherchait à nous tromper. Il n'était pas question même d'une *sanction* de la nation ; les députés votaient, décidaient sans appel : l'usurpation nous parut flagrante et l'indignation augmenta quand nous apprîmes qu'on allait voter l'hérédité de la pairie dans la nuit.

Ce fut alors qu'un certain nombre de jeunes gens, réunis

à la hâte, arrivèrent devant la chambre en criant : *A la trahison!* Les paroles de M. Labbey de Pompières, de Benjamin-Constant, etc., ne les auraient pas arrêtés ; mais le général Lafayette parut. Il nous rappela que, « sur no- » tre *foi*, il n'avait pris aucune mesure pour maintenir la » paix publique, et que ce tumulte compromettait *notre hon- » neur et le sien.* »

Il nous dit aussi qu'il ferait ses efforts pour que quelques-unes des promesses eussent au moins une place dans la Charte... Nous n'obtînmes qu'une chose : c'est que le vote sur l'hérédité de la pairie serait ajourné.

Telle est l'histoire *réelle* de ce qui se passa. Voilà ce qu'était le programme de l'Hôtel-de-Ville dont le général Lafayette a plusieurs fois à la chambre rappelé le *résumé.* Ce fut à cette con- dition seulement que les vainqueurs sacrifièrent des opinions qui leur étaient chères ; mais, bien loin de vouloir imposer à qui que ce fût leurs propres désirs, ils ne demandaient qu'une seule chose, c'était que *le peuple, redevenu souverain,* fût du moins appelé à SANCTIONNER ce que le *pouvoir de fait* viendrait à résoudre.

ARMAND MARRAST.

(*La Tribune,* 16 juin 1831.)

LA
CONTRE-RÉVOLUTION
DÉVOILÉE.

GOUVERNEMENT PROVISOIRE.

—

Vainement sollicitée de l'initiative parlementaire, dans un grand nombre de pétitions couvertes de milliers de signatures; vainement proclamée comme nécessité politique, dans plus de soixante banquets présidés par les orateurs de la gauche et du centre-gauche, la réforme électorale fut la pierre d'achoppement contre laquelle vint se briser la monarchie de juillet. Une dernière manifestation, sous le titre de banquet du douzième arrondissement, avait été organisée et M. Odilon Barrot en accepta d'abord la présidence : « Manifestation toute légale, avait dit l'O'Connell du centre-gauche, à laquelle les gardes nationaux pourront assister, mais sans armes; les écoles, mais par députations, et dans laquelle il ne sera poussé d'autres cris que celui de : *Vive la Réforme !* » M. Odilon Barrot était alors ce qu'il a toujours été; comme homme politique, ambitieux et couard; comme orateur, verbeux et sonore; comme ministre de la République,

il a depuis donné la mesure de son impéritie et de ses opinions
rétrogrades. Nourri dans les gras pâturages de l'éloquence judi-
ciaire, possédant à fond tout le vieux répertoire de l'opposition
constitutionnelle, il pouvait parler des heures entières, sans
presque reprendre haleine. Seulement, de temps à autre, une période plus saillante, plus accentuée, rompait la monotonie du
débit, par un effet de tam-tam ou de grosse caisse. Alors, il cris-
pait sa lèvre d'un sourire narquois et byronien, prenait une pose
de tête olympienne, et le regard fixé sur le banc des ministres,
savourait son triomphe en gourmet des plus raffinés. M. Barrot
voyait dans la manifestation projetée le renversement du ministère, et par contre, sa propre accession au pouvoir. Il voulait hériter de ceux qu'il allait tuer. Un compromis fut passé entre lui et
M. Thiers, pour le cas où la faveur royale inclinerait du côté de
la place Saint-Georges, et nous verrons plus loin que cette tran-
saction fait honneur à la prévoyance de M. Barrot. En l'absence
de M. Molé qui boudait à Champlâtreux, les deux coryphées du
centre-gauche croyaient tenir, entre leurs mains, les destinées de
la France et celles de la monarchie. Étrange aveuglement, qui
prouve une fois de plus que l'ambition est mauvaise conseillère.

Le gant avait été trop hardiment jeté pour que le ministère ne
le relevât pas. MM. Guizot, Duchâtel, Hébert et consorts, ne
craignirent pas d'engager la couronne dans une question qui n'in-
téressait qu'eux, ou pour mieux dire, leurs portefeuilles. Un plan
stratégique récemment adopté, permettait, en peu d'instants, d'en-
serrer la capitale dans un réseau de quarante mille baïonnettes; l'artillerie de Vincennes et celle du Champ-de-Mars, toujours attelées,
prendraient en queue les faubourgs, si l'insurrection tentait de s'y
développer; on comptait un peu sur la garde nationale, beaucoup sur la garde municipale, exercée de longue main à compri-
mer l'émeute; au besoin, on crierait : *A la rescousse, la banlieue !* La banlieue avait rendu d'énormes services à la monarchie
dans les journées de juin 1832. Le maréchal Bugeaud parlait de

ses carrés obliques qui triomphèrent à Isly ; il avait franchi l'Atlas, qu'est-ce qu'une barricade auprès de l'Atlas ? Il avait taillé des croupières aux Bédouins, il en taillerait aux Parisiens, qui, du reste, ne devaient point avoir oublié ses *transnonisades*. Les états-majors se portaient garants du bon esprit et du dévouement de l'armée..... Avec de pareilles ressources on pouvait tenter un coup d'État, et le coup d'État fut résolu en conseil de gouvernement.

Mais, un coup d'État peut amener un conflit, un conflit discréditer M. Barrot aux yeux du monarque ; et l'*héroïque* champion de la réforme électorale s'empressa de récuser la présidence du banquet. *Le poltron politique* (ainsi le qualifièrent bon nombre de journaux) n'est point à son aise dans la rue ; il lui faut le marbre lisse de la tribune, le verre d'eau sucrée, le calme propice aux belles harangues, — pas d'autres bruits que les trépignements et les hurras de l'admiration. Dans cette harmonie à triples croches qui coule de sa bouche melliflue, les coups de fusils seraient des dièzes insolents et perturbateurs. Nous ne sommes plus au temps des rostres, et les gamins d'Athènes n'ont plus le droit d'envoyer leurs trognons de pomme à la figure de l'orateur. Que l'on ne doute point, au surplus, de la bravoure de M. Barrot. Il a fait le voyage d'Egypte et prêché la réforme électorale aux crocodiles du fleuve sacré.

La journée du 21 se lève. Paris est triste. Ce n'est pas l'anxiété qui est peinte sur les visages ; mais ce malaise que l'on ressent à l'approche des grandes tempêtes. Il y a, tout à la fois, irritation et torpeur, fièvre et engourdissement. La contre-révolution, toujours féconde en assertions mensongères, a insinué que les journées de février furent un coup monté, non par l'opposition parlementaire, mais par les sociétés secrètes et le journalisme avancé.

Le simple narré qui précède réduit à néant une pareille assertion, et démontre suffisamment quelle est la bonne foi des ennemis de la République. Non ! et c'est ce qui fait sublime, aux yeux de l'histoire, la révolution de février, non! il n'y eut ni accord, ni préméditation. La dynastie de juillet a été balayée par le souffle de Dieu, car la colère du peuple est celle de Dieu lui-même !

Pendant que se prépare l'hymen indissoluble de la France et de la liberté, les représentants censitaires, comme les esclaves de Rome, *jouent aux noix* dans les couloirs du Palais-Bourbon L'avant-veille, ils ont voté des *circonscriptions cantonnales* : il leur est bien permis de se délasser de ce haut effort législatif. Tout à coup, le bruit se répand : qu'une ordonnance de police vient d'interdire les rassemblements sur la voie publique ; que M. Bugeaud est nommé gouverneur militaire de Paris, dont la mise en état de siége est résolue pour le lendemain ; que la garde nationale a reçu l'ordre de ne point se rendre au banquet du douzième arrondissement ; enfin, que l'opposition va interpeller le ministère.

L'opposition, c'est Démosthènes-Barrot. Il est sur son terrain. A la tribune, pas de buissons qui puissent accrocher le pan de sa robe, et lui causer une frayeur voisine de la syncope. Attention ! Il va déclamer non contre Philippe, mais contre les Parménions de son conseil. Peste ! M. Barrot, quelle audace vous avez eue ce jour-là !. Vous avez presque reconnu le droit imprescriptible de l'insurrection, vous avez proclamé que la défense de toutes nos libertés était confiée à la garde nationale, vous avez fortement insisté sur l'illégalité des obstacles que le ministère opposait à l'exercice du droit de réunion. Vous avez peu de mémoire, M. Barrot, ou beaucoup de mauvaise foi ; car, moins de deux ans après, vous avez employé les arguments de M. Duchâtel pour rétorquer vos propres arguments. — Sa harangue finie, Bilboquet descend de la tribune, reçoit les félicitations de ses amis, et retourne à son banc, aussi satisfait que s'il eût extirpé, sans douleur, une molaire au fils du banquier Ducantal.

M. Duchâtel, un de ces éléphants qui servirent à Pyrrhus dans sa guerre contre les Romains, fit entendre, en l'absence de son cornac, M. Guizot, quelques grognements que la majorité prit pour un discours, mais que Bibolquet, plus avisé, prit pour une menace, car il répliqua hardiment : « Vous avez mieux aimé les mesures de compression, c'est à vous qu'appartient désormais la responsabilité de ce qui peut arriver ! » — Et le Pilate de la royauté de juillet alla se laver les mains.....

Le lendemain, 22, était le jour fixé pour le banquet. Les députés avaient à discuter un projet de loi sur la banque de Bordeaux. Pour se livrer, en toute sécurité, à cette innocente besogne, ils firent ceindre leur palais d'un triple rang de baïonnettes. Et l'émeute grondait dans la rue ! Et déjà le sang avait coulé ! Et les pères conscrits s'endormaient sur un projet d'intérêt local ! Et quand il s'agissait d'intervenir activement entre un pouvoir frappé de vertige, et le peuple qui offrait sa poitrine nue au sabre des municipaux, les aréopagites délibéraient.......... sur des intérêts d'actionnaires ! — Pourtant, M. Odilon Barrot dépose une demande de mise en accusation contre les ministres. En accusation? mais, ils sont déjà condamnés, vous l'avez dit vous-même : « Le renversement d'un ministère ne veut pas une goutte de sang versé » et la fusillade retentit dans les rues ! Et les prétoriens chargent au galop une population désarmée !..... Discourez, discourez, M. Barrot; c'est votre métier d'être éloquent, j'allais dire bavard. D'ailleurs, vous n'êtes point l'homme du peuple; vous êtes l'homme du roi, qui vient de vous faire appeler.

Entrons aux Tuileries. Le conseil des ministres y est en permanence, présidé par le roi. Les aides-de-camp se succèdent avec rapidité : « Sire, la garde nationale fraternise avec le peuple. — Sire, l'armée fraternise avec la garde nationale. — Sire, ce n'est plus une émeute, c'est une révolution. — Sire, sauvez votre couronne, nous allons faire nos paquets; voilà notre démission. Et le monarque éperdu de dire : « Ah ! si ma pauvre sœur était là ! Il n'y a que Thiers qui puisse me sauver, que l'on aille me chercher Thiers. » — « Pauvre ami, je vous ai long-temps méconnu, sauvez-moi ! » — « Oui , Sire , mais je ne puis vous sauver qu'avec le concours de Barrot. » — Allons ! allons ! nous en passerons par Barrot, puisqu'il le faut ! » Dépêches télégraphiques : 24, à une heure. — M. Odilon Barrot annonce que le ministère se constitue avec son concours. Le général Lamoricière prend le commandement de la garde nationale. Tout marche vers le calme et la conciliation. — 24, à une heure et demie — le roi a abdiqué. S. A. R. la duchesse d'Orléans est nommée régente. — 24, dix heures du soir. La République est proclamée, le gouvernement provisoire constitué. — Quelle révolution ! Quel enseignement ! O M. Barrot, pourquoi, vous et les vôtres, n'avez-vous point su en profiter ?.....

Une immense acclamation salua, de tous les points du territoire, l'avénement de la République. Jamais ivresse pareille n'agita un grand peuple ; jamais aussi enthousiasme ne fut plus pur. Les villes, les villages, les hameaux, dans des adresses couvertes de signatures, félicitèrent le peuple de Paris de sa glorieuse conquête. En un mot, la France offrit à l'Europe étonnée le spectacle d'une nation qui renaît à la liberté, sans se souiller d'aucun excès. On avait dit : *Brûlons la cervelle à toute arrière-pensée !* et ce mot de conciliation, généralement compris, empêcha toute recherche pour cause d'opinions, même chez ceux qui s'étaient le plus directement associés aux scandales de la Monarchie. Aujourd'hui, dans un espoir de restauration impériale ou monarchique, on parle hardiment d'un appel à la nation, comme si la nation pouvait se déjuger, se condamner elle-même !

Il serait superflu de faire l'apologie du peuple, si ses éternels calomniateurs n'avaient cherché à le rendre solidaire des excès commis par des hommes que la loi avait séparés de la société. Si le château de Neuilly a été saccagé, si celui de M. de Rotschild a été brûlé, si les chemins de fer n'ont pas été respectés, il faut en accuser les réclusionnaires échappés de Poissy, les nombreux forçats entassés dans la capitale, mais surtout l'imprévoyance de la police monarchique, qui, tout entière à ses préoccupations politiques, laissait vivre à Paris, en état de rupture de ban, les hommes les plus dangereux. Le peuple n'est point non plus responsable des scandales donnés au monde par une nuée d'écrivains faméliques, qui ressuscitèrent les feuilles les plus sanguinaires de 93, ou crurent flatter les masses, en adoptant le cynique langage du père Duchêne. Le peuple avait répondu d'avance à toutes les calomnies qui devaient être le prix de sa victoire, par un mot sublime, qui vivra autant que le monde : *Trois mois de misère au service de la République !*

Pendant que le roi se déguise en charretier pour quitter son royaume, et reçoit l'aumône et l'hospitalité sur son chemin, comme pour justifier le vers prophétique de Béranger ; pendant que les ministres, en proie à une indescriptible frayeur, courent à toutes brides vers la frontière ; que la cour est balayée comme la poussière sous un coup de vent, le gouvernement provisoire, issu des acclamations du peuple, s'installe à l'Hôtel-de-Ville. Hélas ! la révolution et la contre-révolution faisaient en même temps leur entrée dans cette vieille arche de la liberté. Dans l'ivresse de son triomphe, le peuple avait salué des mêmes acclamations ses amis et ses ennemis : ses amis, parce qu'il les connaissait ; ses ennemis, parce qu'il s'était laissé prendre au piége de leur parole.

Dupont (de l'Eure), vétéran de libéralisme, populaire en 1848 au même titre qu'il l'avait été en 1830, eut la présidence du gouvernement provisoire. Nous n'avons rien à dire de Dupont (de l'Eure), le poste élevé qu'il occupa était le juste prix d'une vie honorable. Chacun comprenait qu'il était beau de couronner civiquement l'illustre vieillard, mais chacun comprenait aussi que l'activité révolutionnaire était au-dessus de ses forces, et le dégageait, par anticipation, de toute solidarité dans les actes du gouvernement.

Ledru-Rollin eut un fauteuil à l'Hôtel-de-Ville et le ministère de l'intérieur. Député de la Sarthe à la chambre élective, Ledru-Rollin sut y tenir haut et ferme le drapeau de la démocratie. Sa parole, abondante et facile, toujours imprégnée du miel savoureux de l'éloquence, se plie merveilleusement à toutes les questions, car il est homme d'études et de talent. Faut-il s'élever au-dessus de ce terre-plein qui est comme la première couche de l'horison parlementaire; faut-il aborder les hautes régions de la politique intérieure ou celles du droit international, son éloquence devient fulgurante. Il a la mâle énergie de Danton, moins sa férocité et ses emportements. Les vibrations de sa parole se pressent comme les coups de tocsin, et l'on croit entendre le pétillement de ce foyer de patriotisme qu'il porte dans le cœur. Ajoutons que seul, avec M. Berryer, il possède cette ampleur et cette dignité de geste, qui font oublier ce que notre costume a de mesquin derrière le marbre de la tribune. Mais, ce n'est pas seulement au Palais-Bourbon que Ledru-Rollin était le vrai tribun de la démocratie : pour qu'il n'y eût pas d'interruption dans son œuvre de propagande, il avait une autre tribune, celle de *la Réforme*. Tandis que le seul journal socialiste qui existât alors (la *Démocratie pacifique*) s'égarait soit dans la recherche, soit dans l'application d'une formule beaucoup trop métaphysique, sans même désigner à quelle forme gouvernementale il prétendait la relier, *la Réforme* indiquait clairement son but et traçait largement son chemin. Prendre la révolution telle que nos pères l'avaient laissée, avant l'envahissement de l'oligarchie directoriale et l'usurpation de Bonaparte; la continuer sur la base éternelle des droits imprescriptibles de l'homme, mais avec la modération que commandent des temps plus calmes et une civilisation plus avancée, voilà quel était alors et quel est encore le programme de *la Réforme*.

M. de Lamartine est un de ces hommes que la critique n'aborde qu'en tremblant, mais auxquels l'histoire doit un hommage moins éclatant. Si l'on fut étonné de voir le chantre d'Elvire siéger à l'Hôtel-de-Ville et diriger nos relations extérieures, ce n'est point à cause de son talent incontestable et incontesté, mais on se souvenait de ses antécédents politiques. Dans sa jeunessse, M. de Lamartine fut attaché à la maison de Louis XVIII. Plus tard, entraîné par son génie poétique, il rompit, à la vérité, cette chaîne de servitude ; mais il resta royaliste de cœur, comme il était royaliste de race. Dans une ode, qui est peut-être son chef-d'œuvre, tout en célébrant magnifiquement la gloire de Napoléon, il relève contre lui l'accusation d'assassinat et traîne sa mémoire dans le sang du duc d'Enghien : comme si le nécrologe de la Restauration n'eût pas dû lui interdire un tel reproche ! Comparez cette œuvre au 5 *mai* de Béranger ! Le poète populaire n'incrimine que les attentats contre la liberté ; le poète aristocrate voit le sacrilége dans une exécution, qui pouvait n'être que la juste représaille des perfidies et trahisons d'une race maudite.

L'auteur des *Harmonies* fut nommé académicién, et prononça un discours de réception qui fit d'autant plus d'effet que jusqu'alors les poètes avaient été d'assez tristes orateurs. Ce succès, auquel il s'attendait peu lui-même, lui inspira le désir d'entrer au parlement : il payait le cens, il était fort en renom, il fut élu. Avons-nous besoin de dire que, depuis cette époque, M. de Lamartine est une des illustrations oratoires de la France ? Non ! Mais nous croyons que le parlement n'est pas une académie, qu'il vaut mieux moins d'éclat dans la parole et plus de fixité dans les idées, qu'enfin un vote consciencieux est préférable aux plus belles harangues. Nous sommes en droit de reprocher à M. de Lamartine ses fluctuations politiques, car nous n'avons point oublié qu'il fut une de ces brebis dociles que le pâtre Duchâtel tenait courbées sous sa houlette. Si le rouge de la honte lui monta au front, lorsqu'il vit notre drapeau traîné dans la fange du *Foreign-office* ; s'il eut le courage d'une éclatante rupture avec les centriers, cela prouve un grand cœur, mais cela n'est point un indice de convictions démocratiques, — et nous reprochons à

M. de Lamartine de n'être point démocrate. Au demeurant, la nature des poètes est, comme celle des femmes, irritable et mobile. Tout pailleté d'or et de diamants que soit le sable de l'Hypocrène, il n'en est pas moins mouvant, et ce n'est pas là qu'il faut creuser, si l'on veut implanter les assises d'une construction robuste.

Pour justifier la grande part qui était échue à M. de Lamartine, dans la distribution de l'action gouvernementale, en février 1848, ses admirateurs employèrent une figure de rhétorique ; ils le surnommèrent le Saint-Paul de la démocratie. A les croire, il aurait eu sa vision du chemin de Damas, les écailles de ses yeux seraient tombées, et une prompte lumière succédant à l'aveuglement de la veille, le royaliste aurait été converti au républicanisme. Hélas ! la métaphore peut être belle ; mais, à coup sûr, elle manque de justesse. Saint-Paul a repris ses cailloux, et lapide de plus belle les Chrétiens. — M. de Lamartine écrit des conseils au peuple, c'est dire qu'il compose chaque mois une harangue réactionnaire.

Deux avocats entrèrent au gouvernement provisoire : M. Marie et M. Crémieux. Le premier a su accommoder sa fortune aux événements, il ne s'est point compromis ; la contre-révolution peut en faire un ministre quand elle voudra. Le second est descendu noblement du pouvoir, sans y avoir fait trop de bruit ; il plaide, et sa parole est acquise de droit à tous les martyrs de la démocratie.

M. Arago, le membre le plus éloquent de l'Institut (Académie des sciences), un des plus savants de l'ancienne chambre élective, — mais le moins républicain d'une famille de républicains. — Sa parole est bonne à entendre à l'Institut, au Conseil municipal, voire à l'Assemblée législative quand il daigne la faire entendre ; mais, comme de toutes les bonnes choses, il n'en faut point abuser, et le peuple aurait bien fait, en Février, de laisser le savant à ses travaux, l'astronome au bureau des longitudes,

M. Garnier-Pagès. Ouvrez Lafontaine et lisez la fable du geai paré des plumes du paon... vous aurez toute l'histoire politique de l'honorable financier. Il hérita du nom de son frère, de sa maison de commerce, et crut hériter aussi de son éloquence et de sa renommée comme démocrate. Malheureusement, il s'est trompé de moitié : comme orateur, il est resté banquier ; comme républicain, idem.

M. Flocon, rédacteur de la *Réforme*, fut au gouvernement provisoire ce qu'il était dans son bureau, un démocrate très-convaincu. M. Armand Marrast, journaliste plein de verve et d'originalité, eut la mairie de Paris : l'un ni l'autre n'étaient des hommes de révolution.

« Aux situations nouvelles, il faut des hommes nouveaux ! Dans la formidable crise qui nous agite, et d'où notre chère patrie sortira, j'en suis sûr, régénérée et triomphante, il faut que les élus du peuple aient non-seulement le courage (le courage est de tous les âges), mais la confiance, l'enthousiasme, je dirais presque l'imprévoyance et la témérité de la jeunesse. Il nous faut des Desaix, des Marceau, des Joubert, législateurs. » Ainsi parlait, quelques jours après Février, un homme [1] connu non moins par l'élévation que par la modération de sa doctrine, et si nous le citons, c'est qu'il nous ouvre le chemin pour arriver à Louis Blanc, — les barbons législatifs ayant fait à l'éloquent tribun un premier reproche de jeunesse et d'imprévoyance. A l'âge où les autres hommes commencent à peine la vie, Louis Blanc était déjà une des notabilités du journalisme. Il assista à la honteuse comédie de 18 ans, non en spectateur désintéressé, mais en observateur profond, logique et consciencieux. Les faits les plus minimes aussi bien que les plus graves attentats étaient soigneusement recueillis dans sa riche mémoire, et, persuadé que l'histoire contemporaine est le plus fécond des enseignements, il écrivit celle

[1] M. Charles Magnin, de l'Institut.

de Dix ans. Après MM. Thiers, Guizot, les deux Thierry, écrire de l'histoire à l'âge de Louis Blanc, n'est-ce pas une témérité ? Non ! car la critique la plus hostile est d'accord avec nous sur ce point, que l'on avait rarement vu un style plus vif, plus entraînant, plus narratif et plus chaudement coloré. En dehors de ce mérite tout littéraire, l'œuvre de Louis Blanc eut une portée politique immense. Jamais coup de bélier plus rude n'avait frappé le trône de Juillet. Si Louis Blanc eût été une nature vénale ou ambitieuse, il n'avait qu'à s'approcher du pouvoir, son manuscrit à la main, et les rêves les plus insensés de fortune ou d'honneurs se seraient immédiatement réalisés pour lui. Les conférences du Luxembourg nous fourniront plus tard l'occasion de revenir sur le compte de Louis Blanc.

Albert entra au gouvernement provisoire. *Un ouvrier ! Quel scandale !—Que dites-vous ? Un ouvrier ! Albert n'est point du tout ouvrier, ou s'il l'est, c'est tout au plus comme ceux que Georges Sand introduit dans ses romans. Ne vous y trompez pas, ma chère, Albert a la main fine et blanche, les ongles roses, la barbe et les cheveux très-bien peignés, un œil superbe, un son de voix qui va droit au cœur ; au besoin, il donnerait des leçons de bonne tenue et d'élégance à nos plus merveilleux fashionables. — Quel conte bleu me faites-vous là ? Albert est un ouvrier, un homme affreux, c'est moi qui vous le dis : figurez-vous une barbe inculte, des cheveux en crinière, des yeux à faire reculer les petits enfants, une voix rauque et avinée, des mains calleuses..... Je vous fais grâce du reste..... — Et puis, on ne sait d'où il sort, ni quelle est la moralité de ses antécédents, etc., etc., etc.*

Infâmie ! Voilà pourtant ce que l'on disait parce qu'un homme, sur le front duquel la sueur du combat avait coulé aussi généreusement que celle de l'atelier, s'était rendu aux acclamations du peuple victorieux, parce qu'un ouvrier, plein de cœur et d'intelligence, avait accepté le périlleux honneur de siéger à l'Hôtel-de-

Ville..... En vérité, c'est à faire croire que la révolution de Février a été faite *par* et *pour* les banquiers de la Chaussée-d'Antin, ou les comtes et marquis du noble faubourg.

De tous ces hommes dont nous venons de parler, du cœur et non des lèvres, avec une rudesse de langage que l'on pardonnera à la sincérité de nos convictions, comptez ceux qui sont tranquillement assis à leur foyer, sans avoir rien perdu que la popularité un moment compagne de leurs noms, — et comptez aussi les proscrits, ceux que le vent de l'exil a balayés..... D'un côté, vous avez ou la contre-révolution ou l'hermaphrodisme politique ; de l'autre, la révolution !

Ainsi constitué, le gouvernement provisoire ne pouvait avoir qu'une marche titubante et mal assurée. La pondération des pouvoirs peut être très-utile dans un gouvernement mixte ; mais dans un état démocratique, mais le lendemain d'une révolution aussi radicale qu'aurait dû l'être celle de Février, il doit y avoir unité d'efforts parce qu'il y a unité de but. Que la prudence des vieillards soit un frein utile à l'impatiente ardeur des jeunes gens, cela est hors de doute ; mais au moins faut-il qu'il y ait homogénéité dans l'action, harmonie dans le concert.—Rendons, toutefois, au gouvernement provisoire cette justice que, dans les premiers jours, qui suivirent son installation, il fut sublime de dévouement et de patriotisme. Les décrets se succédaient avec rapidité et chacun d'eux était une garantie donnée à la victoire du peuple. Les fonctionnaires publics déliés de tout serment (ce qui était peut-être le seul moyen de leur éviter le parjure) ; l'abolition de la peine de mort en matière politique décrétée en termes qui promettaient sa suppression absolue ; les Tuileries affectées aux invalides du travail ; la création des ateliers nationaux et celle d'une commission chargée d'examiner la question des travailleurs ; l'union du peuple et de l'armée décrétée en termes électriques ; l'abolition des titres de noblesse et de toutes les qualifications qui s'y rattachaient ; l'organisation de la garde mobile ;

l'adoption, par la patrie, des enfants des citoyens morts pendant les journées de Février, etc., etc., tels sont les principaux actes qui, à Paris et dans les départements, répandirent une joie universelle. Pendant que les magistrats du peuple se sacrifiaient ainsi, la contre-révolution s'emparait d'eux..... *ils vidaient les caisses de l'état, giboyaient à même dans les forêts de la couronne, se livraient aux polkas les plus effrénées avec des filles de l'opéra, au pavillon de la Muette*; *Georges Sand était l'Egérie de celui-ci, Rachel de celui-là*; *c'était une orgie sans fin, qui rappelait les plus mauvais jours du Directoire.* Les Basile de la congrégation employaient leur arme favorite, la calomnie !...

Le gouvernement-provisoire n'avait, pour se faire respecter, que cette autorité morale conquise dans les acclamations du 24 février. Autour de l'Hôtel-de-Ville, palais du peuple et siège de sa puissance, une immense population se pressait encore armée et noircie de la poudre du combat. Cette mer humaine était agitée de la houle qui succède aux grandes tempêtes ; elle battait de ses flots le pied de cet édifice qui fut, à toutes les époques orageuses de notre histoire, le boulevart de la liberté. La grande voix de ce remoux, de cette colère qui s'apaisait, montait jusqu'au ciel. Mais, aussitôt qu'un membre du gouvernement provisoire paraissait au balcon, le flot s'arrêtait pétrifié, le silence succédait à l'agitation des masses. Les paroles qui tombaient de cette tribune du forum étaient précieusement recueillies. L'ouvrier allait les reporter à sa femme et à ses enfants, comme un gage de leur bonheur à venir ; on se les redisait dans la rue.....

Tant et de si chaudes manifestations de patriotisme faisaient espérer une prompte solution de tous les problèmes sociaux, problèmes qu'une longue controverse avait fait descendre jusque dans les classes les plus obscures de la société, et qui maintenant se dressaient d'autant plus impérieusement qu'ils avaient pour eux l'autorité de la victoire; mais, d'une part la contre-révolution, c'est-à-dire la ligue Malthusienne de tous les égoïsmes ; de l'autre, les germes de division que le gouvernement provisoire portait dans son sein ; et qui, l'enthousiasme passé, se développèrent rapidement, firent bientôt dévier le char lancé sur la brûlante arène de l'avenir. En révolution, il faut marcher en avant, et l'on est aussi coupable si l'on se jette à droite ou à gauche du chemin, que si l'on revenait sur ses pas. La République est de droit naturel ; elle doit être absolue dans ses conséquences, comme elle est absolue dans son principe. Le titre en est écrit dans la conscience de chaque homme et la première de toutes les constitutions est celle que Dieu a gravée dans notre cœur.

Le lendemain de février, tout le monde était républicain. Les aristocrates de *droit divin*, ceux qui avaient boudé la dynastie de juillet, parce que les d'*Orléans n'étaient pas d'assez bonne maison*, se faisaient surtout remarquer par l'exagération de leur patriotisme d'emprunt. Ils guillotinaient leurs noms, grattaient leurs armoiries et ne voulaient être salués que du titre de *citoyen*. Les notabilités de la banque et du commerce déchiraient leurs gants jaunes, pour serrer la main de ce *brave peuple qui avait été aussi clément après la victoire que magnanime dans le combat.* Pour un peu, ils auraient endossé la carmagnole et se seraient coiffés du bonnet rouge. Le peuple put comprendre alors que le premier inconvénient de toute souveraineté, est d'*avoir des courtisans !* Le peuple aurait dû leur dire : « Vous m'avez opprimé, dans ma personne et dans celle de mes pères ; vous m'avez outragé dans tous les droits que je tiens de la nature aussi bien que vous ; mon sang et ma sueur ont coulé à votre service, et quand j'ai été abattu, vous ne m'avez jamais tendu la main ; j'ai été pour vous quelque chose de moins noble que votre cheval de race ou votre chien de meute..... et maintenant vous m'appelez frère et vous vous dites républicains. Non ! vous n'êtes pas républicains, n'en prenez pas le masque : nos fêtes ne sont point un carnaval. »

« Républicains ? et vous enfouissez vos écus, vous remisez vos équipages, vous interdisez à vos femmes la soie et le velours qu'elles aiment à porter, vous jetez à la porte vos domestiques, ces hommes que vous avez rendus impropres à tout autre métier, vous fermez vos salons et personne ne peut plus vivre de vos fêtes, et l'industrie, déjà languissante, est frappée d'un coup mortel, parce que les débouchés lui manquent, et l'ouvrier trouve son atelier clos et la misère dans sa mansarde..... Républicains ?....., et si vous n'émigrez pas, c'est que vous vous souvenez de la première émigration..... et puis il y a quelque chose à faire en France pour M. de Chambord. Vous n'avez pas dit un éternel adieu à tous ces petits droits charmants dont usaient si bien vos nobles aïeux, droit du seigneur, taille, corvée, cens, main-morte, etc... Républicains ?..... et quand le prolétaire donne son dernier sou à la patrie, *vous ne pouvez rien pour elle*; vous laissez le peuple avoir faim, parce que la faim amollit les fiers courages, et que vos instincts de domination ont besoin d'un peuple grelottant et souffreteux..... Républicains ? et déjà vous voilà en quête de places et d'honneurs. Non ! vous n'êtes pas républicains, mais vous êtes les Judas ; les jésuites de la République. »

Un fait qui vaut d'être rappelé, parce qu'il prouve jusqu'où peut aller l'égarement de l'orgueil, est le suivant que nous extrayons textuellement d'un journal de l'époque. « M. Odilon Barrot et ses amis politiques, M. Thiers et les hommes marchant sous son drapeau, MM. Billaut, Dufaure et les rares soldats de leur petit bataillon, se sont réunis, à deux reprises, pour s'entendre sur la conduite à tenir en présence des circonstances graves dans lesquelles le pays se trouve placé. Il a été décidé à l'unanimité dans cette réunion, que les hommes du tiers-parti, du centre-gauche et de la gauche, *dont les événements venaient de dépasser toutes les tendances politiques*, donneraient, sans réserve, *leur concours* au nouveau gouvernement. » *Leur concours*, c'est-à-dire qu'ils serviront la République, comme ils ont servi la monarchie, moyennant *portefeuilles et riches émoluments.*

Mouches du Coche, croyez-vous que vos bourdonnements soient nécessaires au salut de la patrie?

Si le peuple s'est passionné pour la réforme électorale, ce n'est pas qu'il fût seulement soucieux de rentrer dans l'exercice des droits politiques dont les gouvernements antérieurs l'avaient privé. Le peuple comprenait que la loi, pour être bonne, doit émaner de la raison universelle; qu'un parlement aristocratique et censitaire, ne représentant que des priviléges de naissance ou des exceptions de fortune, ses intérêts y seraient toujours sacrifiés; enfin, le peuple demandait son émancipation politique, parce que seule elle pouvait assurer son bien-être, et le soustraire à l'exploitation des riches propriétaires ou industriels. La question de l'organisation du travail était donc une de celles qu'il était en droit d'espérer voir résoudre promptement. Le gouvernement provisoire se rendit à ce vœu, moins parce qu'il le reconnaissait légitime, que parce qu'il avait hâte de *se priver du concours* de MM. Albert et Louis Blanc. Le Luxembourg devint le siège de la commission de l'organisation du travail, et ce n'est pas un des moindres enseignements de l'histoire que de voir après trois jours de révolution, la blouse de l'ouvrier prendre place sur les banquettes de la chambre aristocratique. — La première question agitée fut celle de l'augmentation du salaire : ouvriers et maîtres, entraînés par l'éloquente parole de Louis Blanc, semblaient marcher, d'un commun accord, vers une solution satisfaisante, lorsque la réaction arriva, armée de pied en cap de tout ce qu'elle avait trouvé dans le vieil arsenal de la législation douanière. Et comment soutiendrons-nous, sur place, la concurrence des produits étrangers, et comment offrirons-nous les nôtres à l'exportation, si nous sommes obligés d'élever les salaires et de diminuer les heures de travail?..... Quoi! parce que l'Angleterre est régie par le principe Malthusien, vous vous croyez obligés de nous régir de même? Parce qu'en Angleterre, l'industrie est comme la bataille, qu'il lui faut de la chair à dévorer ; parce qu'en Angleterre, il importe que l'ouvrier ne vive pas trop long-temps, et ne fasse pas trop d'enfants, cela compromettrait la sécurité des lords du royaume ; parce que l'Angleterre, qui se dit libérale et qui en est encore à la grande charte de Jean-sans-Terre, a étendu le prolétariat, le plus hideux prolétariat, au quatre-vingt-dixième de sa population .... vous vous croyez obligés de faire comme elle, de tuer avant le temps l'ouvrier et ses enfants, de multiplier le nombre des prolétaires, tout cela pour que vos *prix-courants* ne soient point inférieurs à ceux des autres marchés de l'Europe?... Ne pouvez-vous modifier vos lois de tarif et vos prohibitions douanières ? Votre budget ne vous permet-il pas de remédier, par les primes à l'exportation, à ce qu'il y aurait de désavantageux pour notre industrie, relativement aux industries étrangères, dans son organisation démocratique ? Le salut du peuple n'est-il pas la suprême loi ? Songez donc, riches manufacturiers, industriels et commerçants, que les destins de l'Angleterre sont, suivant l'expression du poète, suspendus à un fil léger ; que le paupérisme la ruine plus sûrement que ne l'a fait le blocus continental. Voulez-vous attirer sur nous les maux sans nombre qu'elle se prépare par son incurie pour les classes pauvres ? Que vous ne soyez pas républicains, cela se conçoit, la foi politique n'est pas nécessaire pour le salut ; mais au moins, soyez chrétiens, et souvenez-vous que le Christ a recommandé aux hommes d'être frères.

L'élévation du salaire, sa fixation par des tarifs officiels, suffisent, à la rigueur, pour assurer l'existence de l'ouvrier, quand il est occupé, mais ne lui permettraient point de faire les économies nécessaires pour parer au chômage. Dans les professions dont l'exercice est subordonné aux saisons (maçonnerie, bâtisse, charpente, agriculture, etc.) l'hivernage est prévu ; dans les industries de luxe, au contraire, qui suivent les fluctuations de la bourse, dont l'épanouissement ou la stagnation dépendent d'un caprice de la mode, d'un bruit de guerre, d'une crise commerciale, etc., il n'y a rien de prévu. Aujourd'hui l'atelier est ouvert, demain il est fermé. Pour choisir un exemple antérieur à la révolution de février (nous craignons toujours que notre franchise ne soit interprétée en partialité), rappelons ce qui s'est passé, il y a quelques années, dans les départements du Nord. L'industrie sucrière y avait pris un développement considérable. Combien d'argent dépensé en construction de bâtiments ou d'appareils? combien de terres affectées à la culture de la betterave? Mais surtout, combien d'ouvriers l'attrait du gain n'a-t-il pas enrôlés sous la bannière du sucre indigène? Les colonies s'alarment et demandent, à cor et à cris, un dégrèvement qui leur permette de soutenir la concurrence de la métropole. La question est résolue en leur faveur,— et aussitôt la fabrication s'arrête en France, les usines se ferment et les ouvriers sont jetés à la porte..... Le caprice d'un inventeur, ou celui de la mode crée telle industrie dont la prospérité est subordonnée aux circonstances qui l'ont produite ; l'engouement passé, voilà encore des ouvriers sans emploi. Tout ce qui est de luxe, dans la production nationale, subit le contre-coup des crises qui se manifestent dans la vie d'un peuple..... Une société démocratiquement constituée doit donc venir en aide au travailleur, lorsque le chômage l'atteint, et que, par des circonstances indépendantes de sa volonté, il se trouve ne plus pouvoir échanger sa sueur contre le pain de chaque jour. En d'autres termes, le droit au travail doit non seulement être écrit dans la Constitution, mais encore se manifester par une intervention efficace de l'état, chaque fois que les circonstances la rendent nécessaire. Veut-on savoir quelle est la misère du peuple? Laissons parler M. Villermé. « Les seuls ateliers de Mulhouse, dit-il, comptaient en 1835 plus de cinq mille ouvriers logés dans les villages environnants. Ces ouvriers sont les moins bien rétribués. Ils se composent principalement de pauvres familles chargées d'enfants en bas âge, et venus de tous côtés, quand l'industrie n'était pas en souffrance, s'établir en Alsace pour y louer leur bras aux manufacturiers. Il faut les voir arriver chaque matin en ville et en partir chaque soir : il y a parmi eux une multitude de femmes pâles, maigres, marchant pieds nus dans la boue ; et qui, faute de parapluie, portent renversé sur leur tête, lorsqu'il pleut, leur tablier ou leur jupon de dessus..... et un nombre encore plus considérable d'enfants, non moins sales, non moins hâves, couverts de haillons tout gras de l'huile des métiers ....., leur nourriture pour la plupart se compose d'un morceau de pain ; de pommes de terre, de soupes maigres et de mauvais laitage. Et c'est avec une alimentation aussi insuffisante qu'il leur faut affronter quinze heures de travail, et les allées et retours si fréquents, si pénibles. » A Lille, c'est pis encore. La description que fait M. Villermé des caves et greniers habités par la classe ouvrière, est à faire reculer d'horreur le Malthusien le plus renforcé. Nous avons visité, nous-mêmes, ces hideux repaires, chaque fois que notre fonction nous y appelait, et nous n'en sommes jamais sorti, sans nous sentir le cœur serré d'une mortelle angoisse. Par ces tableaux que nous ne voulons pas multiplier, — dans la crainte d'être accusé d'exagération, — il est facile de comprendre que la classe ouvrière doit être promptement relevée de cette déchéance morale et physique, et que le salut de la société est à ce prix ! Ce n'est pas seulement à la misère présente qu'il faut venir en aide ; ce n'est pas à une simple nécessité du moment qu'il faut obéir ; la dégradation de la classe ouvrière ressort trop clairement des statistiques officielles fournies par les conseils de révision, pour qu'il n'y ait pas urgence à la réhabiliter dans sa chair et dans son esprit.

O vous tous que je nomme contre-révolutionnaires, parce que l'égoïsme est la règle de vos actions, et que vous n'avez souci du peuple qu'autant que sa sueur se convertit en or dans vos mains ; disciples de Pangloss, qui croyez que tout est pour le mieux dans le meilleur des mondes possibles, que nul n'a froid quand votre âtre flambe, que nul n'a faim quand votre table est bien servie ; Malthusiens en pratique, si vous ne l'êtes en théorie, qui

admettez le mal comme une nécessité et croiriez vous rendre coupables *de forfaiture envers Dieu*, si vous intervertissiez l'ordre
de ses décrets providentiels, *par une plus juste répartition de ce
qu'il a donné à tous et que vous avez pris pour vous seuls* [1];
vous qui, par la perpétuation des abus, croyez défendre les bases
éternelles de la *société*, qui avez porté votre orgueilleuse offrande
à la rue de Poitiers et ne laissez jamais tomber un sou dans la
main du pauvre...., souvenez-vous de toutes les calomnies que
vous avez répandues sur les apôtres de la Réforme Sociale, et
veuille Dieu éloigner de votre front les orages que vous avez
amoncelés !....

Une troisième question, complexe dans ses détails, se présenta
à l'examen de la commission du Luxembourg : celle des associations ouvrières et de l'association du travail et du capital. Le capital est sans contredit la plus vieille et la plus lourde des tyrannies. Pour ne parler que de notre histoire, la féodalité, qui prétendait ne relever que *de Dieu, du roi* et *de son épée*, relevait
aussi des *argentiers*; le plus fier de nos monarques, Louis XIV,
fut obligé de s'humilier devant le banquier Samuel Bernard,
pour en obtenir un emprunt, lors des guerres de succession. C'est
là une des choses que le duc de Saint-Simon n'a pu pardonner au
grand roi. Aujourd'hui, le peuple doit être plus souverain et plus
absolu que Louis XIV ne l'a jamais été dans tout l'éclat de sa
gloire ; et cependant le peuple est non pas agenouillé, le peuple
ne s'agenouille que devant Dieu ! mais courbé, par nécessité, devant le veau d'or, esclave du capital, *numéraire* ou *propriété*.
Or, le travail est, à proprement parler, le seul élément de production, puisque le capital est essentiellement stérile s'il n'est mis en
œuvre par les bras de l'ouvrier. Que deviendrait la société si, d'une
part, le travailleur refusait son concours au capitaliste, ou si, de
l'autre, le capitaliste prétendait obtenir, par lui-même, toute la

____

[1] Saint Basile.

production dont son capital est le moyen ? Il y a donc connexion intime entre les deux agents de production, et le fait de l'association du travail et du capital existe forcément, mais dans des conditions qui ne sont point en harmonie avec un gouvernement démocratique. Ce n'est pas assez que le capitaliste et l'ouvrier soient égaux devant l'urne électorale ; il faut encore qu'ils le soient sur le terrain de la production, qu'il y ait équivalence complète entre celui qui fournit sa terre, son argent, sa marchandise, et celui qui approprie toutes ces choses à leur destination productive. Pour la culture, cela est souvent ainsi : le propriétaire ne loue pas son terrain, il l'afferme, et le cultivateur est intéressé à obtenir, par ses soins, son intelligence, une plus-value dont profite également le propriétaire ; souvent même le fermier associe directement à son entreprise les hommes de peine qu'il emploie, et stimule leur zèle par un intérêt dans la récolte. L'industrie proprement dite procède différemment : elle loue les bras, cher ou bon marché, selon les circonstances, en tire le plus de travail qu'elle peut et n'admet jamais l'ouvrier au partage de ses bénéfices. Comme le planteur des colonies, moins cependant le fouet et la chiourme, le manufacturier est roi d'un peuple d'esclaves ; il fixe le prix des journées, l'élève s'il craint une concurrence, l'abaisse si les nécessités de vie mettent l'ouvrier à sa merci ; il emploie ou n'emploie pas, conserve ou congédie, selon son caprice, sans contrôle aucun, et sans même prévenir d'avance, les travailleurs de sa fabrique, depuis le simple ouvrier jusqu'au directeur. On comprend combien une telle existence est précaire, et tout ce qu'il y a d'anti-républicain dans un aussi cruel asservissement. Organiser l'association du travail et du capital, c'est donc agir dans l'intérêt du maître puisqu'une plus-value de quantité ou de qualité en doit nécessairement résulter ; c'est moraliser l'ouvrier, le réhabiliter à ses propres yeux et lui ouvrir le seul chemin qui puisse le conduire à une vieillesse exempte de misère ; enfin, c'était consacrer en fait ce que la révolution de Février venait de consacrer en droit : la souverai-

neté du peuple ! — A un autre point de vue, il est incontestable
que le capital est la synthèse du travail, son équation numéri-
que (ce n'est pas nous qui le disons, ce sont les défenseurs de la
propriété), et qu'un capital quelconque peut toujours être repré-
senté par un nombre de journées de travail, soit cent, soit mille,
soit un million. De cet axiôme fondamental, il résulte qu'une
association ouvrière serait l'équivalent d'un capital employé à
telle ou telle exploitation — moins peut-être la mise de fonds in-
dispensable à son ouverture. Dès le premier jour, il y aurait garantie hypothécaire, puisqu'une journée de travail, multipliée par
le nombre des travailleurs, forme déjà un capital. Une société démocratique peut donc, sans obérer son budget, fournir aux associations ouvrières les fonds de garantie — ou de premières dépen-
ses — ou, tout au moins, patroner ces associations, dans les entre-
prises publiques, par la préférence à prix égal et la suppression du
cautionnement. Que l'on ne nous dise pas que les ouvriers *bien
connus* trouveront toujours, quand ils voudront s'associer, le capital nécessaire à leur exploitation ; car l'argent ne leur est point
prêté sans des intérêts qui absorberaient le plus clair de leurs bénéfices, et autant vaut pour eux passer par la main des entrepre-
neurs que par celle des banquiers.

Nous nous sommes étendu longuement sur les théories pro-
fessées au Luxembourg par MM. Albert et Louis Blanc, parce que
de leur application sociale dépend tout l'avenir de notre démocratie, et aussi parce qu'elles ont fourni à la contre-révolution un
prétexte de se livrer aux diatribes les plus violentes envers les
deux tribuns du peuple. Chose extraordinaire ! les journaux qui
ont le plus contribué à l'avènement de la Démocratie, par leur
active propagande (la *Réforme*, la *Démocratie pacifique*, le *National*, etc.), furent obligés, le lendemain des journées de Février,
de rentrer en lice et de déclarer la guerre à un gouvernement issu
des acclamations populaires. Ah ! c'est que le Gouvernement provisoire fut bientôt infidèle à son mandat. Les royalistes et réac-

tionnaires dont il se composait en grande partie comprimèrent l'élan révolutionnaire d'une minorité qu'ils commençaient à appeler *factieuse*. Ils faisaient écrire sur toutes les murailles les mots sacramentels de la démocratie, mais ils ne voulaient pas que rien fût changé aux institutions monarchiques; ils fermaient l'oreille aux cris de souffrance du peuple, à ses plaintes trop motivées par la mauvaise tournure que prenaient les affaires, mais ils l'ouvraient toute grande aux clameurs de la contre-révolution; ils préparaient à la République cette forme Girondine qui en est la contradiction, et qui nous mène droit à une restauration ou aux derniers abîmes de l'anarchie. M. Arago, les larmes aux yeux, conjurait Louis Blanc, qu'il appelait *son fils*, de ne point initier le peuple à la connaissance de ses droits sociaux. « *Vous voulez donc*, lui disait-il, *nous faire tous massacrer.* » MM. Garnier-Pagès, Goudchaux, Duclerc, voyant la rente fléchir de jour en jour et un banquier israélite leur conseiller la banqueroute comme moyen de salut, prétendaient ne plus pouvoir répondre de rien si l'on ne rassurait le capital par des mesures *sages et conciliatrices*. M. de Lamartine posait en *Orphée*; *il apaisait, au son de sa lyre, les passions déchaînées en Février.* M. Marrast, profondément ennuyé de tout cela, cherchait sur les oreillers de l'Hôtel-de-Ville le calme et doux sommeil du préfet Rambuteau. M. Marie se *laissait surprendre* (il s'est depuis exprimé ainsi) la création des ateliers nationaux. M. Crémieux était en guerre ouverte avec ses confrères; n'avait-il pas l'audace de vouloir épurer la magistrature et la faire rentrer dans le droit commun? Quant à M. Dupont (de l'Eure), il planait sur le tout en Paraclet de conciliation. — Ledru-Rollin était donc, à l'Hôtel-de-Ville, le seul qui représentât la Révolution et qui encourageât Louis Blanc et Albert dans leur œuvre d'organisation et de propagande.

La contre-révolution, que la victoire du peuple avait un moment terrifiée, s'empressa de jeter le masque, dès qu'elle se vit appuyée au sein même du gouvernement. Les journaux se répandirent en invectives contre les hommes qui représentaient le principe de février. Une députation ayant demandé que le drapeau rouge, symbole de la régénération du peuple, fût substitué au drapeau tricolore que la monarchie de juillet avait compromis, M. de Lamartine répondit que, pour sa part, il n'y consentirait jamais; que le drapeau tricolore avait fait le tour du monde avec nos phalanges victorieuses, tandis que le drapeau rouge n'avait fait que le tour du Champ-de-Mars, baigné dans les flots du sang Français. M. de Lamartine oubliait de dire que le drapeau tricolore avait été humilié sur toutes les mers, après la fameuse négociation du droit de visite; que l'amiral Dupetit-Thouars avait été désavoué pour avoir voulu le tenir haut en face des Anglais; qu'enfin il avait été livré aux dédains des puissances continentales par les partisans de la paix à tout prix. Quoi qu'il en soit, cette circonstance fournit aux journaux de la réaction l'occasion de créer le sens politique du mot *rouge*. Dès lors, pour désigner les démocrates, on dit : les *rouges*, comme autrefois, en Vendée, pour désigner les soldats de la République, on disait : les *bleus*. Les *rouges*, c'était *la queue de Robespierre, un ramassis de brigands qui allaient renouveler 93, décréter le partage ou la communauté des biens, abolir la religion, rompre les liens de la famille; le dictateur Ledru-Rollin remplirait les fonctions de grand-prêtre à la fête de l'Être suprême, il avait déjà choisi une des plus belles actrices du boulevard pour représenter la déesse Raison; on fondrait les cloches des églises, les vases sacrés seraient portés à la Monnaie, les prêtres déliés du célibat, les lieux saints livrés à la profanation; Louis Blanc et Albert, en leur qualité de chefs du communisme, présideraient au partage des biens, etc. etc. etc.* Pendant que la contre-révolution distillait ainsi le venin de la calomnie, la propriété était partout respectée, les prêtres bénissaient les fêtes de la République, et le nonce du saint-siège venait, au nom du pape, remercier le peuple Français du grand exemple qu'il avait donné au monde., par son respect pour la religion et ses ministres. L'archevêque de Paris, qu'une mort sainte et héroïque devait illustrer plus tard, appelait les bénédictions de Dieu sur son troupeau, et du haut de la chaire de vérité proclamait, au nom du Christ, le triomphe de la démocratie :...

Ah ! que les calomniateurs du peuple et de la République qu'il a conquise et fondée, se reportent par le souvenir à la fête de la Fraternité. Qu'ils nous disent si les plus beaux triomphes de la monarchie, si les plus grandes victoires de l'empire ont jamais enfanté un enthousiasme pareil à celui du 20 avril ! — De tous les points du territoire arrivent des détachements de la garde nationale et de l'armée ; leur patriotisme s'est, en quelque sorte, augmenté de toutes les acclamations qu'ils ont recueillies sur leur passage ; partout l'hospitalité s'est montrée digne d'un peuple de frères.... Trois cent mille baïonnettes de plus dans Paris, et l'édilité n'en a pas ressenti le moindre embarras ! Citoyens soldats, soldats citoyens, ont trouvé place au foyer, à la table de la grande cité ! On s'embrassait dans la rue, les inconnus de la veille fraternisaient comme de vieux camarades, toutes les mains se pressaient, toutes les voix chantaient l'hymne patriotique, il n'y avait ni inquiétude ni arrière-pensée dans les esprits, et les spectateurs de la fête, voyant cette gigantesque armée, ces quatre cent mille hommes qui n'étaient qu'une partie des forces de la nation, disaient : Qu'elle s'arme l'Europe féodale ! Que les despotes se coalisent comme aux jours de notre première révolution ! Et nous briserons les vieux sceptres, les trônes vermoulus, et sur leurs débris nous fonderons le règne de la fraternité universelle !.... Hélas ! l'Europe presqu'entière s'est armée, non dans une coalition offensive, mais pour marcher sur nos traces à la conquête de la démocratie ; l'Europe presqu'entière nous a appelés à son secours..... et demandez à l'Italie, à la Pologne, à l'Allemagne, à la Hongrie, si la France est encore la mère des nations, la protectrice des peuples avides de liberté !.....

Ce que nous venons de dire nous mène droit à l'examen du manifeste de M. de Lamartine. Ce manifeste est, à proprement parler, un dithyrambe en prose ; on est d'abord séduit par la richesse d'un langage auquel les diplomates nous avaient peu habitués. Mais, y a-t-il une pensée démocratique derrière ces phrases sonores, harmonieusement cadencées ? Tyrtée tient-il d'une main la lyre, de l'autre le glaive des combats ? — Non ! M. de Lamartine commence par le mot de Bonaparte aux préliminaires de Léoben : *La République française n'a pas besoin d'être reconnue !* mais, qui vous a dit, ô poète, *qu'elle désire entrer dans la famille des gouvernemente institués, comme une puissance régulière, et non comme un phénomène pertubateur de l'ordre européen ? Qni vous a dit que sa proclamation n'était un acte d'agression contre aucune forme de gouvernement dans le monde ?* Le sang de la Pologne ne crie-t-il plus vengeance ? La République de Cracovie, seule terre de l'Europe du Nord où la pensée fût un peu libre, ne vient-elle pas d'être déchirée en lambeaux par les despotes, ses voisins ? et vous inclinez la France républicaine devant les voleurs des nationalités, les bourreaux de la liberté, les tigres repus du sang patriote, du sang de nos frères du nord ! — Souvenez-vous, Lamartine, que Becker, un de vos frères en Apollon, vous dédia une insolente provocation au peuple Français, et qu'au lieu d'en rejeter la honte, vous l'avez acceptée..... La muse ne vous fut point favorable alors ; vos vers étaient aussi mauvais que la pensée en était mauvaise. Votre *Marseillaise de la paix*, avec tout son cortége d'alexandrins, ne vaut pas une des strophes qu'Alfred de Musset a composées pour la même circoustance.

Au quatrième paragraphe de son manifeste, M. de Lamartine, qui, depuis, a anathématisé le fourriérisme, se montre fourriériste renforcé ; il marche avec le monde à la *fraternité et à la paix* : l'harmonie doit nécessairement être son chemin.

Suit une longue dissertation sur les différences qui existent entre

1792 et 1848. En rhétorique classique, cela se nomme *parallèle*; c'est, dit l'abbé Lebatteux, un exercice qu'il importe de faire pratiquer aux élèves, car il prête beaucoup à l'amplification. M. de Lamartine que nous ne savions pas si fervent disciple de Lebatteux, en a rempli les trois quarts de son manifeste. Nous y renvoyons le lecteur.

Dans sa sollicitude pour la stabilité des gouvernements européens, M. de Lamartine se livre à des considérations physiologico-politiques qui ont dû beaucoup amuser la démocratie d'outre-Rhin. Le poëte-diplomate, ayant jadis découvert qu'il existait une différence de coloration entre le sang du Germain et celui du Franc, [1] découvre aujourd'hui *que les nations ont, comme les individus, des âges différents et que les principes qui les régissent ont des phases successives.* C'est bien dommage que feu Lapalisse ait précédé M. de Lamartine dans l'ordre des temps; notre poëte eût, sans doute, découvert que *le mardi gras est la veille du mercredi des cendres, et que, quand on veut faire une omelette, il faut casser des œufs.* — Il n'y aurait pas grand mal à ce que l'œuvre diplomatique de M. de Lamartine fût émaillée de toutes ces *niaiseries*, si elles n'avaient eu pour but, dans sa pensée, d'inspirer le découragement aux peuples que notre initiative révolutionnaire sollicitait à la conquête de leur liberté! Au surplus, est-ce à M. de Lamartine à se prononcer sur l'enfance ou la virilité d'un peuple, et de quel droit compare-t-il les nations de l'Europe aux moutons de Panurge?.....

M. de Lamartine qui a sucé le plus pur lait de l'éloquence académique, n'a entassé tant de précautions oratoires que parce qu'il avait à aborder une question délicate : celle des traités de 1815. *Favete linguis !* Le poëte va s'envoler de son trépied..... N'en-

---

[1] Le sang *rouge* du Franc, le sang *bleu* du Germain. (*Marseillaise de la paix.*)

tendez-vous pas le frémissement de ses ailes, n'est-il pas haletant de patriotisme et d'inspiration? Suivez-le du regard! Le voilà sur la cime du Double-Mont. Les neuf sœurs mythologiques se livrent, autour de lui, à une polka échevelée; du geste, il leur impose silence et les engage à garder une attitude plus digne de la déclaration solennelle qu'il médite : *Les traités de 1815 n'existent plus en droit aux yeux de la République française.....* Alors, nous allons les déchirer ces honteux traités qui nous furent imposés par l'étranger, à l'époque de nos revers? Nous allons ressaisir notre frontière du Rhin, reconstituer sur ses bases naturelles notre vaste nationalité? Nous reprendrons la Belgique dont Louis-Philippe n'a pas voulu? Comme il nous faut, vers le nord, une sentinelle avancée, nous ressusciterons la Pologne?... Non! ce n'est point là ce que M. de Lamartine entend par la suppression, *en droit*, des traités de 1815. Les traités n'existent plus *en droit*, mais ils existent *en fait*, comme *circonscriptions territoriales*, et la République française *les admet comme base et point de départ dans ses rapports avec les autres nations.* O Loyola, Sanchez et autres notabilités du calendrier jésuitique, si vous n'étiez pas morts, je vous dirais de vous pendre, car vous n'eussiez jamais inventé un syllogisme aussi tortueux.....

Les cabrioles du clown diplomatique ne sont rien à côté de ces airs de père noble : *Si l'heure de la reconstruction de quelques nationalités opprimées en Europe, ou ailleurs, nous paraissait avoir sonné dans les décrets de la providence..... Si la Suisse, etc., si les États indépendants de l'Italie étaient menacés; si l'on imposait des limites ou des obstacles à leurs transformations intérieures* (prenez note de la déclaration), *la République se croirait en droit d'armer elle-même, etc.* Ainsi, ce ne sont pas les peuples qui sont juges de l'opportunité de leur réveil, mais bien M. de Lamartine, l'élu de Dieu, l'envoyé de la providence, et c'est M. de Lamartine qui, l'œil fixé sur *l'horloge des temps,* avertira les nations que leur heure a sonné.....

Si M. de Lamartine avait été démocrate, au lieu de l'amplification jésuitique que nous venons d'analyser, il eût adressé aux puissances étrangères un factum conçu d'après les idées suivantes : En 1792, comme en 1848, la France se sentait mûre pour une révolution, elle la fit. Cette affaire d'intérieur ne vous regardait point, et cependant vous avez profité du mauvais état de nos armées, des vides que l'émigration avait produits dans leurs cadres, pour vous coaliser et envahir nos frontières. Vos premiers succès vous enhardirent au point que Brunswick crut devoir nous insulter dans un manifeste, auquel nous répondîmes par la victoire. Depuis, nous vous avons fait payer cher votre agression ; vous étiez venus chez nous, nous sommes allés chez vous, et nous y avons semé des germes de liberté que trente ans de paix ont nécessairement développés. Lorsque l'ambition d'un homme eût attiré sur nous des revers que la trahison avait préparés, vous vous êtes jetés sur nos riches provinces qui portent encore les traces de la désolation que vous y avez répandue. Vous nous avez ramené une race que nous avions proscrite, imposé des conditions dures et humiliantes, tracé le cercle de nos frontières ; vous nous avez frappés jusque dans la personne de nos alliés. Aujourd'hui, nous reprenons ce que vous nous avez enlevé, nous ressuscitons les nationalités que vous avez égorgées, nous prenons parti pour les peuples contre les rois, et malheur à celui d'entre eux qui nous forcera de sortir le glaive du fourreau !

De telles paroles eussent allumé la guerre, dira-t-on ? C'est possible, mais la guerre n'était-elle pas une des premières conséquences de la révolution de février ; la guerre n'eût-elle pas sauvé la démocratie non-seulement en France, mais encore dans toute l'Europe ?... Après la révolution de juillet, les mêmes questions se présentèrent et voici comment le *National* entendait qu'elles fussent résolues. » Certes ! l'intérêt de la France est de s'opposer à l'accomplissement de ce vieux projet de la cour de Vienne (celui de s'emparer de l'Italie supérieure). La France ne peut laisser enceindre sa frontière sud-est par l'Autriche. La France fut presque toujours Guelfe, par opposition à l'empereur Gibelin : elle a livré cent batailles pour repousser les Autrichiens de l'Italie supérieure..... En vérité, nous n'avons qu'un seul rôle comme nous n'avons qu'un seul devoir en Italie, c'est de soutenir l'indépendance partout où elle voudra naître, contre l'Autriche, *comme contre le Pape* ; de relever avec l'épée le royaume d'Italie érigé en 1805..... Une des plus grandes fautes qu'aient commises la France et l'Europe, a été de permettre à la Russie d'approcher de Constantinople ; laisser l'Autriche passer le col de Brumer, l'Adige et le Lisonzo, a été une faute de même nature. Mais, *lui permettre de rester maîtresse de M lan et de Venise ; la laisser s'avancer vers l'Italie centrale, ce serait le dernier degré de l'impéritie et de la faiblesse ; ce serait tomber au-dessous de la politique des plus mauvais jours de Louis XV.* (National, 2 mai 1831). Voilà ce que l'on disait à une époque où l'on savait que Louis-Philippe était disposé à toutes les concessions de nature à lui faire pardonner son usurpation et lui procurer l'alliance des autres couronnes. La République de février n'avait rien à se faire pardonner ; elle ne devait donc pas employer le timide langage de la diplomatie monarchique, mais bien parler haut et ferme, dicter sa volonté souveraine et l'appuyer d'une armée de cinq cent mille hommes, prête à franchir le Rhin ! Tout nous disait de faire la guerre, l'impatience de notre armée à la suite d'une paix longue et peu honorable, le patriotisme de la jeunesse surexcité par notre transformation politique, l'intérêt de la nation qui eût utilement appliqué à cette guerre l'exubérance de forces qu'elle ne peut employer ailleurs, nos finances mêmes qui avaient besoin pour se rétablir que de grands événements au-dehors fissent diversion à la peur du dedans. — Enfin, le principe de la solidarité des peuples qui ne nous permettait pas d'assister, l'arme au bras, au réveil de l'Europe entière, mais qui nous commandait de nous présenter partout où le despotisme menaçait d'étouffer les cris de liberté ! — Les Cassandre de la contre-révolution étaient seuls d'un avis contraire. Ils ne voulaient point de guerre, parce que la guerre eût propagé le rayonnement de notre révolution, ébranlé l'absolutisme du Nord, et éloigné tout espoir d'une restauration opérée par les baïonnettes étrangères. La paix convenait mieux à leurs projets; en entravant la marche du gouvernement républicain, on ne tarderait pas à en dégoûter la bourgeoisie; le peuple lui-même, exténué par la misère, hâterait de ses vœux le retour de la monarchie, et alors le plus petit mouvement insurrectionnel, la plus petite *Vendée* replaceraient Henri V sur le trône de ses pères. Mais, la contre-révolution n'avait garde de faire aussi naïvement l'aveu de ses espérances; elle se retranchait, au contraire, derrière des motifs patriotiques et semblait craindre qu'une dictature militaire ne sortît du choc des bataillons.

Revenons à l'Hôtel-de-Ville. Le citoyen Ledru-Rollin, chargé du portefeuille de l'intérieur, a dû nécessairement pourvoir à l'administration départementale. En conscience, la République ne pouvait garder à son service les préfets de M. Duchâtel. Ces agents actifs d'élections ministérielles, courtiers de consciences, recruteurs des centres, falsificateurs des listes électorales et de celles du jury, avaient trop propagé dans la province une corruption érigée en système par le gouvernement de juillet, pour qu'il n'y eût pas urgence de les éliminer, malgré leurs protestations de dévouement à la République. D'ailleurs, dans les départements comme à Paris, la réaction commençait à montrer le bout de l'oreille; il fallait donc qu'une autorité nouvelle animée de l'esprit de la révolution de février et armée de pouvoirs suffisants, vînt présider à l'administration de chaque département, y faire connaître et aimer la République, surtout réprimer le fédéralisme partout où il aurait essayé de se produire; des commissaires furent envoyés dans les chefs-lieux de département et d'arrondissement, munis d'instructions rédigées par le ministre de l'intérieur et de pouvoirs assez étendus pour l'accomplissement de leur mission, essentiellement temporaire.

Les proconsuls de Ledru-Rollin, pour nous servir de la gracieuse épithète, sous laquelle les commissaires du gouvernement furent désignés par la contre-révolution, avaient été autant que possible choisis parmi les patriotes éclairés de Paris ou de la province. Plusieurs étaient de vieux soldats de la démocratie, éprouvés par la prison, l'amende et les persécutions de tout genre, fiers à bon droit de leurs chevrons révolutionnaires. D'autres avaient été portés, en quelque sorte, par l'acclamation populaire, au fauteuil préfectoral. Enfin, beaucoup appartenaient à cette jeunesse d'élite que l'on trouve partout où la résistance au pouvoir doit se faire sentir, qui milite dans la presse et combat sur le pavé, qui a l'enthousiasme du patriotisme et de plus cette sagesse méditative que le travail fait mûrir dans les âmes studieuses. — Parce qu'au nombre de ces hommes il s'en est glissé un, un seul ! qui, patroné par un sacristain, avait obtenu un infime mandat pour une petite ville de Normandie, et se trouva être un forçat ou réclusionnaire libéré, la contre-révolution s'empressa de crier que Brest et Toulon avaient lâché leurs grandes écluses et que les départements étaient menacés d'une inondation de galériens. Quoi ! parce que le comte Pointis de Sainte-Hélène, colonel et aide-de-camp du duc d'Angoulême, était faussaire, escroc et voleur, faut-il conclure que tous les colonels et aides-de-camp de la Restauration avaient droit à un banc de chiourme ? Parce qu'un forçat rompt sa chaîne et se déguise en archevêque, devons-nous croire que tous les évêques et archevêques de France ont pris leurs degrés à Brest et se sont coiffés du bonnet vert avant de porter la mitre. Voilà cependant où l'on arrive en concluant du particulier au général. Ce mode d'argumentation, que la logique et l'honnêteté réprouvent également, est familier à la réaction ; — cela ne doit étonner personne, son carquois est rempli de flèches trempées dans l'encre des Sanchez et des Malagrida, et cette encre est un venin plus actif, plus pénétrant que le suc de l'Upas.

Mais, voyons, raisonnons un peu : Quel mal ont-ils donc fait ces proconsuls de Ledru-Rollin ? Sont ils venus, coiffés du chapeau

conventionnel, ceints d'une formidable écharpe, traîner un grand
sabre sur le pavé des villes? Ont-ils relevé l'échafaud politique?
Vous ont-ils confisqué vos biens et par-dessus le marché mis en
prison? Ont-ils trouvé mauvais que les jeunes filles de Verdun
dansâssent en robe blanche? Ont-ils nourri les goujons de votre
rivière avec de la chair de curé ou d'aristocrate? Ont-ils fermé les
églises et démoli les autels? Vous ont-ils donné du mauvais papier en échange de votre argent? Ont-ils créé des catégories de
suspects, de demi-suspects, de quart de suspects? — Non! à
moins cependant que vous n'ayez déjà trouvé un Loriquet pour
vous écrire l'histoire de la Révolution de Février, je n'ai vu nulle
part que de telles choses aient été commises. Mais ces préfets d'un
jour ont administré vos départements mieux que les doyens de
l'édilité; ils ont assuré le recouvrement de l'impôt, parce que
l'impôt est le sang de l'état; organisé patriotiquement les gardes
nationales, parce qu'elles sont le boulevard de la liberté; rassuré
les poltrons, parce que le peuple français ne doit pas trembler
comme un homme que la fièvre prend; fait respecter partout les
personnes et les propriétés; ils ont même poussé la modération
jusqu'à empêcher les vignerons de manger les rats de cave. Il est
vrai qu'ils ont destitué, par-ci, par-là, quelques uns de ces hon-
nêtes fonctionnaires qui croient qu'on se lave la conscience comme
on se lave les mains; il est encore vrai qu'ils n'ont pas eu le temps
de faire danser les belles dames de la ville... Ah! j'oubliais le plus
grand de leurs crimes : ils ont planté des arbres de la liberté!...
mais ces arbres de la liberté, ils les ont plantés en plein jour, au
son de la musique, aux acclamations du peuple, au chant des
hymnes patriotiques, aux salves de l'artillerie! Ces arbres, votre
clergé les a bénis, aspergés d'eau lustrale!... Vous, vous les avez
fait scier pendant la nuit ou arrosés de vitriol! Moi, j'aime ces
arbres de la liberté, non à cause de leur feuillage étiolé, mais
parce qu'ils sont une de nos plus vieilles traditions, un des plus
lointains souvenirs de notre histoire. Les Francs plantaient un

chêne quand ils avaient remporté la victoire. Toutes nos franchises municipales ont été, en quelque sorte, incrustées dans le sol avec les racines de l'arbre symbolique. Si vous en doutez, souvenez-vous que l'on plantait un mai à la porte des maires, le jour de leur élection; or, le maire est le magistrat du peuple, le représentant du droit municipal. Nos pères de 92 y suspendaient leurs bonnets rouges, et le conscrit, qui allait à la frontière, se faisait une cocarde avec une de leurs feuilles. Pourquoi voulez-vous que nous reniions notre histoire ? Sommes-nous de ces parvenus qui rougissent d'avoir eu un père chiffonnier et le feraient jeter à la porte de leurs salons, s'il se présentait avec sa hotte et son crochet ? On a mis tant de choses au concours, et chaque année les académies en mettent tant encore, que je veux fournir à l'une d'elles un moyen de se distinguer de ses rivales. Qu'elle fasse écrire un petit résumé historique, intitulé : *Bilan de la royauté au 10 août et de la République au 18 brumaire;* des faits et des dates, voilà tout ce que je demande. Ceux qui ne connaissent d'histoire que ce qu'ils en ont appris chez les Ignorantins, pourront, au moyen de ce résumé, comparer les deux institutions et voir laquelle a répandu plus de sang, laquelle aussi a procuré plus de bien-être au peuple.

Ledru-Rollin, calomnié dans la personne de ses commissaires, le fut également à propos de ses circulaires. Elles étaient écrites dans un style qui *rappelait les plus mauvais jours de la Convention.* Cette pauvre Convention ! décidément, elle est le Croquemitaine de MM. les jésuites et de MM. les royalistes. Je suis persuadé que quand leurs enfants ne sont pas sages, ils les menacent d'appeler la Convention. Si quelque peintre de sacristie était chargé de la symboliser, il lui attribuerait, comme au diable, un cuir noirci, une longue queue, un pied fourchu et des cornes au front. — Je suis de l'avis de ces messieurs; si j'avais eu à écrire les circulaires de Ledru-Rollin, j'aurais emprunté de la pâte de jujube à l'apothicaire du voisinage, je l'aurais délayée dans l'eau de fleurs d'oranger, et j'y aurais trempé ma plume. Au lieu d'indiquer à mes agents comment ils devaient affermir la République dans les départements, je les aurais chargés de mes félicitations pour les notabilités de la banque et du commerce, pour les notaires et les avoués, les épiciers et les sacristains, surtout pour mesdames leurs épouses ; au lieu de leur concéder — à ces infâmes commissaires — un droit absolu sur les prébendiers administratifs, je les aurais sommés d'établir, dans le plus bref délai, la statistique de toutes boutonnières départementales qui n'étaient point décorées; je leur aurais recommandé d'aller à la petite messe les jours de semaine et d'être au banc d'œuvre le dimanche, de donner des bals éclairés *aux cierges* et du punch étendu d'eau bénite ; enfin, je leur aurais ordonné de mettre en prison tous ceux qui avaient faim, parce qu'un homme qui a faim est nécessairement un communiste qui ne serait pas fâché de prendre sa part d'un bon dîner, — et puis, comme disent ceux qui n'aiment pas à tirer un sou de leur poche, si tu as faim, travaille !

L'argent était rare et la coalition jésuitico-royaliste si pauvre, qu'elle ne put venir à Paris faire entendre ses doléances au gouvernement provisoire. Elle se contenta de les exhaler le plus bruyamment possible, qui dans sa ville, qui dans son village, qui dans son hameau, d'en emplir les colonnes de la presse bien pensante, et de les faire débiter au prône par le curé de la paroisse; Son grand cheval de bataille était que les commissaires et les circulaires allaient exercer une pression fâcheuse sur les élections, corrompre à sa source le suffrage universel, etc., etc., etc. En vérité, messieurs, vous nous prenez pour des électeurs censitaires, on voit bien que vous avez l'habitude de vous vendre et que vous jaugez tout le monde à votre tonnage! Croyez-vous, d'ailleurs, que l'on achète, que l'on corrompt, que l'on influence tous les habitants d'un département, comme l'on achetait, corrompait, influençait un certain nombre de censitaires (en moyenne, 100 au plus), dans un collége d'arrondissement ? Avec une poignée de coques du levant, j'empoisonnerai toutes les carpes de votre étang, mais, allez en pleine mer, jetez-y de l'arsenic par livres, par kilos, par quintaux et dites-moi si vous avez empoisonné tous les poissons que l'Océan contient dans ses vastes profondeurs ? A la vérité, l'éducation politique du peuple français est encore à faire ; mais c'est votre faute, non la nôtre. Vous aviez pour vous le sol que vous possédez et qui est plus attractif qu'on ne pense ; vous aviez le respect traditionnel du pauvre pour le riche, la parole abondante et facile de vos courtiers d'élections et le guichet du confessionnal ; vous aviez bien d'autres choses encore et vous avez eu peur de circulaires qui n'étaient que du papier, de commissaires qui n'avaient que leur écharpe. Allons, messieurs, vous me rassurez, vous êtes aussi dégénérés que nous : si nous ne sommes que des enfants indignes de nos pères de 93, vous n'êtes, vous, que les très-rachitiques héritiers des insurgés de la Vendée.

A Paris, une manifestation eut lieu. Les grenadiers et voltigeurs de la garde nationale, qui n'avaient point encore pardonné au gouvernement provisoire sa proscription des bonnets d'oursin, se rangèrent en bataille devant le balcon de l'Hôtel-de-Ville. M. de Lamartine, que *son extrême fatigue* avait empêché d'assister aux funérailles des combattants de Février, prit la parole pour rassurer l'opinion publique sur le sens de quelques mots qui *n'ont point la portée qu'on leur attribue*, et pour annoncer qu'incessamment une proclamation du gouvernement provisoire à tous les citoyens français exprimerait ses sentiments sur la nature des institutions *toutes libérales, toutes morales, toutes conservatrices qu'il leur préparait*. M. de Lamartine, qui aurait pu s'enrichir dans le commerce des hémistiches, paya ainsi de mots creux, mais sous-entendant le blâme de la circulaire, l'enthousiasme quelque peu rétrograde de la députation du club républicain pour la liberté des élections.

Puisque le mot *club*, que la contre-révolution a rayé du vocabulaire officiel, vient de tomber de notre plume, il n'est pas hors de propos d'énoncer ici le grand reproche que l'on a adressé aux réunions politiques, avant de les interdire légalement ou de les placer sous la surveillance de la police. Et d'abord, le droit de réunion, d'association est imprescriptible, par conséquent antérieur à toutes les chartes et constitutions ; il est une déduction logique de la sociabilité de l'homme. Pour n'apporter qu'un exemple à l'appui de cet axiôme, je dirai que les premières réunions des Chrétiens étaient des clubs dans toute l'acception du mot, des clubs non patentés et fort peu illustrés d'une écharpe de commissaire. Ces clubs étaient clandestins ; ils se tenaient dans les catacombes ; on y agitait des questions politiques et religieuses, car, au commencement, la politique et la religion ne faisaient qu'un, le Christ n'ayant pas dit à ses disciples : « Je vous affranchis devant Dieu, mais vous resterez esclaves devant les hommes » ; on y organisait les moyens de propagande par la délégation de l'apostolat ; on y encourageait l'insurrection par le prosélytisme ; on y préchait et pratiquait le communisme, et Origène ; en cela plus heureux que M. Proudhon, n'y laissa la moitié de sa robe aux mains d'aucun païen du nom de Thiers ; enfin, on y brisait les liens de la famille, car on ne demandait point au père si sa fille était chrétienne, à la fille si son père était chrétien ; ceux qui voulaient aller au désert avaient le chemin libre, et chaque jour il en mourait sous le fer des bourreaux...... Au-dessus, était la Rome légale, peu honnête, moins encore modérée, mais n'en fonctionnant pas moins légalement avec ses empereurs, ses magistrats et ses prétoriens. Si donc les premiers Chrétiens, pétrifiés dans leur peur comme nous le sommes dans la nôtre, s'étaient dispersés à la première sommation d'un préteur urbain, où seraient aujourd'hui notre liberté et notre foi ?.... Voilà ce que j'aurais dit au rapporteur du projet de loi sur les clubs, et le rapporteur m'aurait répondu, de sa voix la plus retentissante, que les clubs enveloppaient la France d'une atmosphère de terreur, qu'ils effrayaient le capital..... La contre-révolution et ses rapporteurs ont fait leur rhétorique, ils en emploient volontiers les figures, surtout la métaphore. Quoi! prononcer ou écouter des discours patriotiques, discuter les mesures à prendre dans telle ou telle circonstance, les choix à faire pour telle ou telle élection, soustraire l'ouvrier aux pernicieuses influences du cabaret, développer en lui les nobles instincts et les riches facultés...., c'est faire planer la terreur, c'est effrayer le capital? Mais, alors, il est bien poltron le capital, vous êtes bien poltrons vous-mêmes! Je reprends mon exemple de tout-à-l'heure et je dis : Si la femme d'un boutiquier de Rome, convertie à la foi chrétienne, fût venue dire à l'apôtre : « Vous m'avez baptisée, je ne suis qu'une femme, cela ne tire pas à conséquence ; mais ne baptisez pas mon mari, il est dans le commerce, cela le compromettrait et lui ferait perdre sa clientèle de patriciens », qu'eût répondu l'apôtre, sinon : « Allez, femme sans foi, qui mettez la terre avant le ciel, le corps avant l'esprit, vous n'êtes point digne de l'eau qui vous a lavé le front ?.... »

Le capital! Ils croient avoir tout dit, quand ils ont prononcé ce mot sacramentel de leur société d'agioteurs. Qu'est-ce donc que le capital? la terre! Mais s'il vous plaisait de la laisser en friche, nous qui vivons de ses épis et l'avons arrosée de nos sueurs, serions donc affamés? Vos maisons! mais s'il vous convenait de les clore hermétiquement, nous, qui les avons déjà payées en loyers, serions donc obligés de coucher dans la rue? Le numéraire? mais si toutes ces pièces frappées à l'effigie de tous les gouvernements, il vous plaisait de les enfouir dans le sol ; si tous avaient fait ce qu'ont fait quelques-uns, qu'en serait-il advenu ? Que nous eussions pris le premier chiffon de papier pour en faire un signe représentatif, ou que nous eussions, comme les Spartiates, fabriqué des sous avec du fer, tandis que vous auriez réalisé la fable de Midas, en mourant de faim à côté de vos sacs d'écus ? Nos lois punissent l'accapareur de grains, pourquoi ne punissentelles pas l'accapareur de numéraire ? Tant qu'on ne pourra pas porter à la halle des petits cailloux ramassés sur le bord de la rivière, le second sera aussi coupable que le premier. Vous êtes riches, tant mieux pour vous ; mais aussi tant mieux pour nous ; car la richesse doit être comme une fontaine qui n'interrompt jamais le cours de ses eaux. Un philosophe chinois, Hoanglixaô, s'adressant, quelques siècles avant l'ère chrétienne, au mandarin Xantung, et lui reprochant toutes ses concussions, tous ses accaparements, ajoutait : « Pourquoi n'as-tu pas pris le soleil et la lune pour les enfermer dans ton parc, ne laissant à cette misérable populace, dont le sang n'est pas de la même couleur que le tien, qu'une insignifiante planète ? pourquoi aussi ne t'es-tu pas emparé de tout l'air pur qui flotte sur les délicieux côteaux d'Onan, pour n'en permettre la respiration au peuple qu'après qu'il aurait raffraîchi tes poumons altérés ?.... » Cette petite citation nous fournirait d'amples commentaires, s'il n'était admis que l'on ne peut *tancer* le capital qu'à la condition de passer pour communiste.

Toujours est-il que le capital a eu peur, qu'il s'est caché et que nous avons eu *l'émigration des écus*. Or, une société à laquelle on soustrait brusquement une forte partie de son numéraire tombe en syncope, comme un homme que l'on a saigné trop copieusement. Le gouvernement de corruption que la France venait de chasser, laissa nos finances dans le plus déplorable état, il n'avait pas même respecté le pécule du pauvre déposé dans les caisses d'épargne. M. Guizot, qu'une récente ovation vient de remettre en lumière, serait obligé de convenir aujourd'hui que son administration nous menait droit à la banqueroute. La contre-révolution a pleinement absous M. Guizot et ses collègues ; s'ils ont avili et corrompu la France, c'était dans un but louable, et la fin justifie les moyens ; s'ils ont creusé sous nos pas le gouffre du déficit, c'est que les consciences d'électeurs et de députés étaient hors de prix. Les vrais coupables, c'est toujours la contre-révolution qui le dit, ce sont quelques membres du gouvernement provisoire qui ont puisé à pleines mains dans les coffres de l'État, pour payer leurs dettes et entretenir de jolies femmes. Mais les coffres étaient vides? mais Louis-Philippe et ses ministres n'ont pas même pu y trouver de quoi payer leurs frais de voyage? mais à chaque discussion de budget, le déficit allant croissant, vous avez vous-mêmes signalé au gouvernement l'abîme de la banqueroute? C'est égal, ce sont quelques membres du gouvernement provisoire qui ont ruiné la France, la contre-révolution n'en démord pas, inutile de raisonner avec elle. — Le lendemain d'une Révolution, les nécessités sont encore plus impérieuses que la veille. Le crédit, ce fard que l'on vend à la bourse et dont les vieilles sociétés badigeonnent leurs faces blêmes et décrépites, manque tout à coup. Il faut donc, par des moyens exceptionnels, rappeler le crédit, et ces moyens, pour qu'ils soient efficaces, doivent se ressentir de leur origine, être révolutionnaires. Quand un homme est affaibli par une perte de sang, qu'il lui faut, pour le remettre sur pieds, une côtelette et un verre de vin, on ne lui applique pas des sangsues au creux de l'estomac et on ne le tient pas à l'usage de l'eau pannée : Sangrado seul pourrait se permettre une pareille médication. Voyons si le gouvernement provisoire n'a pas été quelque peu Sangrado?

Il avait à poser un principe, celui de l'impôt progressif, et il a décrété l'impôt des 45 centimes, c'est-à-dire qu'il a ménagé les grands et accablé les petits. Que l'on me permette un apologue : Un homme avait de grandes richesses cachées dans sa maison ; des voleurs, qui en étaient instruits, vinrent une nuit la dévaliser, et comme ils fuyaient chargés de sacs d'écus, les voisins accoururent au secours de l'homme que l'on ruinait. Celui-ci, au lieu de les lancer, dans toutes les directions, à la recherche de ses voleurs, enferma les charitables voisins dans une cour et leur tint ce langage : Je suis volé, la chose est claire ; j'essaierais vainement de le nier, puisque vous avez vu les voleurs s'enfuir, chargés de mes dépouilles; ils sont loin, maintenant, qu'ils aillent se faire pendre ailleurs! mais vous, mes bons amis, mes charitables voisins, ne sortirez de cette cour qu'après vous être cotisés et m'avoir rendu ce que l'on m'a enlevé. — L'homme riche, c'est la nation; les voleurs, ce sont tous ces hommes qui, pendant 18 ans, se sont enrichis de nos dépouilles. Est-il juste, quand nous ne demandions pas mieux que de courir après les voleurs, que l'on nous ait forcés de rembourser ce qu'ils avaient pris? — Si j'avais été gouvernement provisoire, j'aurais immédiatement décrété l'impôt progressif, et, par mesure exceptionnelle, une anticipation de six mois, payée par tout revenu excédant deux mille francs. J'aurais frappé d'une retenue les appointements des gros fonctionnaires, dans la proportion de 50 p. 100 à partir de trois mille francs, de 75 à partir de cinq mille, et de tout l'excédant à partir de huit mille. J'aurais mis sous le séquestre les propriétés de tous ceux qui s'étaient associés aux scandales de la monarchie, et j'aurais nommé des commissions chargées de déterminer la quotité qui devait en revenir à l'État. J'aurais fermé la bourse ou décrété qu'elle ne s'ouvrirait que pour la négociation au pair (5 p. 100, 100 francs) de toutes les valeurs garanties par l'État; car il n'est pas plus permis à un Français de douter de la France qu'à un Chrétien de douter de Dieu. J'aurais encouragé le commerce, la production par tous les moyens, facilité l'échange, — et si tout cela n'avait pas suffi, j'aurais créé du papier-monnaie et lui aurais donné un cours forcé. Tout cela, me direz-vous, c'est de la révolution? D'accord! je vous répondrai que si je voyais un homme démolir sa maison, pour le plaisir d'en laisser les débris épars sur le sol ou de la reconstruire telle quelle, je dirais : Cet homme est fou !

M. Garnier-Pagés a eu le triste courage d'assumer la responsabilité du décret dont nous venons de parler. Est-ce parce que ce décret est la meilleure arme que le gouvernement provisoire ait fournie à la contre-révolution? ou M. Garnier-Pagés, engoué de sa personne autant que son collègue M. de Lamartine, croit-il avoir sauvé la patrie ? Qu'il aille dans nos campagnes, qu'il dise aux paysans : C'est à tel jour que j'ai fait décréter l'impôt des 45 centimes, suivez-moi au Capitole et rendons grâce aux Dieux ! Les paysans suivraient M. Garnier-Pagès, mais pour lui planter leurs fourches dans les reins ou pour l'assommer à coups de leurs rudes fléaux. — La contre-révolution, qui a cependant fort peu souffert de l'impôt des 45 centimes, n'en a pas moins rejeté le blâme sur les démocrates. C'est la logique des curés qui en veulent aux enfants de ce que leurs papas font gras le vendredi. Alors, messieurs de la droite et du centre, pourquoi avez-vous demandé l'ordre du jour, lorsque M. Flocon, un démocrate, sollicitait le remboursement de cet impôt ?

Un dernier mot ! j'étais en Champagne à l'époque de l'élection du 10 décembre. Les courtiers électoraux, il y en avait deux ou trois par village, disaient aux paysans : Nommez-le ! il vous remboursera les 45 centimes, et pendant trois ans vous ne paierez pas d'impôts. Avec un peu de réflexion, il était aisé de comprendre que la fortune la plus princière n'eût pas suffi à l'accomplissement de ces promesses, la Californie tout entière y aurait passé ; mais, en Champagne, les moutons broutent et ne raisonnent jamais avec le Guillot du troupeau. On disait aussi : Ne nommez pas le candidat des rouges, ce sont les rouges qui ont décrété les 45 centimes, tous les rouges sont des *partageux*, etc...., *Partageux* ! voilà un joli mot, créé par la réunion de la rue de Poitiers, et qui, grâce à son illustre origine, aura sans doute, à la première édition qui s'en fera, les honneurs du *Dictionnaire de l'Académie*. Je mets au défi la contre-révolution tout entière de trouver, même dans les écrits de M. Proudhon, une seule ligne qui ait trait au partage de la propriété. Cette stupide accusation a eu tout le succès que l'on s'en promettait ; elle a discrédité le socialisme.....

M. Thiers et les faméliques à sa solde ont combattu la doctrine sociale, sans la connaître, par conséquent sans la comprendre. Depuis le jour où les hommes se sont réunis par groupes, le socialisme a dominé le monde; il est devenu article de foi, le jour où le Christ l'a scellé de son sang. Toutes les conquêtes de l'esprit humain ont eu pour but et pour effet la perfection de l'homme, elles rentrent toutes dans le domaine du socialisme. Nier la réalité de la science sociale, c'est nier l'évidence, c'est être plus stupide que l'inquisition, lorsqu'elle emprisonnait Galilée. Je vous accorde qu'il y a de la témérité à préconiser telle ou telle formule de préférence aux autres, et que l'on ne peut affirmer que le monde doive être un jour icarien ou phalanstérien ou tout autre chose. C'est là l'X du problème, quelque chose d'introuvable peut-être, comme la pierre philosophale ou la quadrature du cercle, mais je vous répondrai que les alchimistes et mathématiciens ont fait de grandes découvertes en prenant l'impossibilité pour but, et que je n'en veux point à un homme de ce qu'il cherchait peut-être le mouvement perpétuel, lorsqu'il a trouvé la théorie du pendule.

Le titre de notre ouvrage indique suffisamment que nous n'avons pu nous astreindre à l'ordre chronologique des faits; nous les échafaudons, voilà tout! Pendant cette première période que M. de Lamartine a appelée l'interrègne des pouvoirs visibles, comme s'il fallait absolument, pour qu'un pouvoir fût visible, qu'il tînt cour aux Tuileries et ne voyageât que sous escorte de municipaux, nous avons été plus procureur qu'historien. Dans le procès que nous faisons à la contre-révolution, nous relevons tout ce qui nous paraît de nature à éclairer le premier de tous les jurys, le peuple! Si l'on plantait les chardons en *traces*, il serait plus facile au sarcleur de les arracher; mais tant qu'ils pousseront au hasard dans les blés, il faudra qu'il fasse des enjambées pour les atteindre. Ainsi de la contre-révolution; elle n'a publié aucun programme et n'a point indiqué l'itinéraire de sa marche incorrecte et rétrograde. — L'académie définissait l'écrevisse: un *petit poisson rouge qui marche en arrière* ; cette définition qui a fait rire trois fois un homme qui riait peu, Cuvier, a été métaphoriquement appliquée par la contre-révolution aux démocrates (voir le *Corsaire*), ils sont rouges, ils sont cuits, ils vont à reculons. A notre tour, pour ne pas être en reste d'atticisme avec elle, nous définirons la contre-révolution : un animal omnicolore qui va tantôt en avant, tantôt en arrière, tantôt à droite, tantôt à gauche, — et que par conséquent il est assez difficile de suivre dans ses pérégrinations. Si nous avons entrepris de la dévoiler, gardez-vous de croire que nous ayons eu part à ses confidences. Les chefs de la coalition ne révèlent point au premier venu leur plan de campagne ; mais il nous suffit de savoir que son but est la désorganisation de la République, dans un espoir de restauration impériale ou monarchique, et que tous les moyens lui sont bons.

La contre-révolution, nous l'avons déjà dit, c'est la ligue malthusienne de tous les égoïsmes. Or, voici comment, le lendemain de Février, ont raisonné les égoïstes. Le consommateur a dit : Ce n'est pas le moment de faire de folles dépenses, restreignons-nous et cachons soigneusement les écus, pièces d'or et billets de banque qui pourront nous être utiles un peu plus tard. Le producteur a dit : La consommation se restreint, ce n'est donc point le moment de fabriquer, mieux vaut d'ailleurs avoir de l'argent en poche que de la marchandise en magasin, fermons la fabrique et congédions les ouvriers. Aucun d'eux a-t-il songé au peuple qui ne vit qu'à la condition d'échanger sa sueur contre du pain, au peuple qui mettait trois mois de misère au service de la République, mais n'aurait pu supporter un jeûne aussi long ? Les Bonapartistes ont dit : en 1830 nous manquâmes notre coup, et cependant il y avait un héritier direct du grand homme. Tâchons cette fois de réussir avec un des neveux. Nous aurons ainsi de beaux majorats, de riches dotations et des titres nobiliaires. Qu'importe que notre épée soit plus courte que celle de nos pères, qu'elle soit moins fortement trempée ; pour peu qu'elle ait une poig..ée d'or, un fourreau étiucelant, cela suffit pour la faire briller dans un salon ? Les légitimistes ont dit : Dieu le veut ! S'il a renversé la dynastie d'Orléans, c'est qu'il prépare un retour éclatant à l'enfant du miracle. M. d'Arlincourt l'a annoncé. M. d'Arlincourt est le prophète de Dieu et d'Henri V. Nous rentrerons en possession de tous les droits dont on nous a injustement dépouillés, et c'est bien le moins que l'on nous accorde de rechef un petit milliard, à titre d'indemnité. Les Orléanistes ont dit : Cela allait bien, le 5 p. 0|0 était à 122, les croix poussaient dru dans le champ électoral, on dotait les filles avec des actions de chemins de fer, les garçons à vingt ans avaient de bonnes places... Pourquoi donc le peuple est-il venu déranger tout cela ? Enfin ! on franchit la Manche en quelques heures ; que Louis-Philippe revienne de Claremont, et le coq Gaulois, tout chapon que M. Guizot l'ait fait, volera de clocher en clocler jusque sur le pavillon de l'Horloge, etc., etc., etc. Aucun d'eux a-t-il songé au peuple, au peuple qui aime Napoléon parce que le sang de nos pères a été le ciment de sa gloire, mais qui sait qu'un tel héritage est lourd à porter, et qui ne connaît pas d'épaules assez fortes pour en accepter le fardeau ; au peuple qui a aussi complètement oublié M. de Chambord que les frères *ab utero* que Mme de Berry lui a donnés, mais qui se souvient qu'un anathème de deux siècles pèse sur les Bourbons ; au peuple que M. Guizot a dégoûté de la branche cadette, comme M. Polignac l'avait dégoûté de la branche aînée, et qui ne se soucie plus de greffer ses libertés sur un tronc monarchique ?...

Il était là cependant ce peuple victorieux : il grelottait dans ses haillons, et la faim lui tordait les entrailles. *Ventre affamé n'a pas d'oreille*, dit le proverbe, et quoique très-savoureuses, les harangues de M. de Lamartine ne remplacent ni le pain, ni le sel. Il fallait, par un moyen quelconque, assurer la subsistance du peuple, et le gouvernement provisoire créa les ateliers nationaux. Que ces ateliers aient beaucoup dépensé et rien produit, je vous l'accorde, et je ne prendrai jamais leur organisation pour type d'une association ouvrière. Mais, si vous aviez dit au gouvernement provisoire : j'ai des forêts à reboiser, des landes à défricher, des marais à dessécher, des rivières à endiguer, des chemins de fer à construire, etc., etc.; donnez-moi cent mille, deux cent mille ouvriers, le gouvernement provisoire n'eût pas été contraint de les embrigader pour leur faire remuer le sable inoffensif du Champ de Mars. Au lieu de cette intervention, qui eût servi vos intérêts et ceux de la patrie, vous avez mieux aimé semer vos paroles en déclamations anarchiques, vous avez crié à la dilapidation des fonds de l'état; *les ateliers nationaux n'étaient pas ce qu'ils semblaient, un moyen de soulager le peuple, en lui épargnant la honte de l'aumône, mais bien une armée révolutionnaire, toujours aux ordres de la commune et toujours prête pour l'émeute; Chaumette, Hébert, Clootz, Grammont, Ronsin, etc., en étaient les chefs; les équipages et les chevaux de la liste civile leur servaient de véhicules; les vins précieux, cachetés par M. Montalivet lui-même, de boissons; tout le corps de ballet de l'Opéra était en réquisition forcée pour le service des ateliers nationaux, M. Emile Thomas consommait à lui seul autant de truffes qu'un congrès diplomatique ou un dîner de centriers, etc., etc.*

La création de la garde mobile, quoique beaucoup plus logique et de circonstance que celle des ateliers nationaux, n'en a pas moins été vivement attaquée par la contre-révolution. Au moment où une guerre européenne paraissait imminente, il était rationnel de faire appel au patriotisme de la jeunesse qui, comme son aînée de 92, eût fourni à nos armées des Marceau, des Hoche, des Joubert, etc. D'un autre côté, le désœuvrement, suite nécessaire de la stagnation de l'industrie, imposait au gouvernement provisoire l'obligation d'ouvrir un débouché à tous les ouvriers sans travail ; et quel plus fructueux emploi de toutes ces forces oisives que leur organisation militaire ? Enfin, la garde mobile eût été un utile intermédiaire entre l'armée et la garde nationale, pour le cas où cette dernière aurait été appelée à la défense de la patrie. Ces raisons justifient suffisamment le décret du gouvernement provisoire à des yeux moins prévenus que ceux de la contre-révolution. Cependant, on pourrait ajouter que le principe de l'enrôlement volontaire est beaucoup plus philantropique que celui du recrutement par la voie du sort ; qu'il était sage de favoriser l'enrôlement, qui n'enlève à l'industrie que les bras qu'elle a de trop, et de restituer à l'agriculture ceux dont elle manque; que l'armée, avec son organisation et ses traditions monarchiqnes, était un danger incessant pour la liberté; qu'un gouvernement démocratique doit s'appuyer plutôt sur la baïonnette du citoyen que sur celle du soldat, etc., etc. La réaction n'est point de notre avis. Elle a d'abord blâmé le principe de l'élection à tous les grades dans la garde mobile. Il vaut beaucoup mieux, suivant elle, que le gouvernement distribue lui-même les brevets, parce qu'ainsi il s'acquiert des créatures, et que, en administration, on a souvent besoin de favoriser Pierre au détriment de Paul ou Paul au détriment de Pierre. Enfin, l'argument favori de la réaction était le danger d'une force militaire dévouée corps et âme au service de la République, etc... (Voir, pour plus amples renseignements, ce qui, soit à la tribune, soit dans la presse réactionnaire, a été dit de la garde mobile, chaque fois que des crédits ont été demandés pour elle).

Le gouvernement provisoire a définitivement arrêté l'époque des élections, la forme dans laquelle elles auront lieu et le nombre de représentants qu'elles devront fournir. Les candidatures se multiplient à l'infini, les départements sont inondés de circulaires et la réaction se met en campagne..... Gardons-n s de d orer ce beau sujet, qui doit former le préambule notre deux livraison.

FIN DE LA PREMIÈRE LIVRAISON.

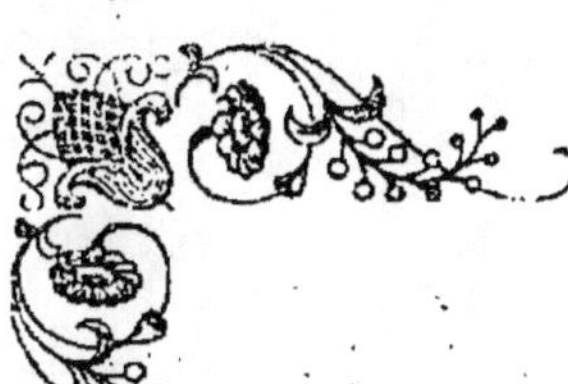

POUR PARAITRE INCESSAMMENT.

2e Livraison. — CONSTITUANTE.

3e Livraison. — LÉGISLATIVE.

4e Livraison. — UNE ANNÉE DE PRÉSIDENCE.

Prix de la Livraison : 75 c.

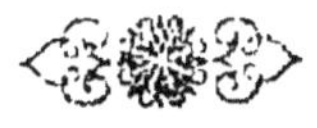